PUHUA BOOKS

我
们
一
起
解
决
问
题

房地产开发企业
全业务链
税收实操指引

伍　刚◎著

人民邮电出版社

北　京

图书在版编目（CIP）数据

房地产开发企业全业务链税收实操指引 / 伍刚著
. -- 北京：人民邮电出版社，2022.2
ISBN 978-7-115-58433-5

Ⅰ．①房… Ⅱ．①伍… Ⅲ．①房地产企业－税收管理
－中国 Ⅳ．①F812.423

中国版本图书馆CIP数据核字（2021）第271432号

内 容 提 要

房地产开发涉及的税种多、税负水平重、涉税风险高，所以税务管理是房地产开发企业运营管理极其重要的组成部分。提高税务风险防范意识，加强税务管理，对房地产开发企业具有举足轻重的作用。

为帮助房地产开发企业财务人员全面系统地掌握房地产税收知识，更好地应对"营改增"后的涉税风险，本书以房地产财务经营的视角，从房地产开发企业全业务链出发，先讲述房地产税收管理、房地产财务运营管理基础知识，然后分别介绍房地产开发经营五大阶段的税收实操知识，而后介绍三大业务模块，即税务风险管理、房地产财税核算、发票与合同管理的实操知识，带领读者建立全面、系统的房地产税收管理知识框架，帮助读者快速学习和成长。书中提供了大量的图表、流程和案例，是房地产开发企业财务人员必备工具书。

本书适合房地产开发企业各级管理者、财务人员、高校相关专业师生，以及对房地产税收知识感兴趣的读者阅读和使用。

◆ 著 伍 刚
　 责任编辑 贾淑艳
　 责任印制 胡 南

◆ 人民邮电出版社出版发行　　北京市丰台区成寿寺路 11 号
　 邮编 100164　　电子邮件 315@ptpress.com.cn
　 网址 https://www.ptpress.com.cn
　 大厂回族自治县聚鑫印刷有限责任公司印刷

◆ 开本：700×1000　1/16
　 印张：15.5　　　　　　　　　　　　2022 年 2 月第 1 版
　 字数：250 千字　　　　　　　　　　2022 年 2 月河北第 1 次印刷

定　价：69.80 元

读者服务热线：（010）81055656　印装质量热线：（010）81055316
反盗版热线：（010）81055315
广告经营许可证：京东市监广登字 20170147号

《 **前言** 》

我国房地产业自 1978 年改革开放以来，经历了从无到有并不断壮大的历程。1983 年 12 月，国务院发布的《城市私有房屋管理条例》是我国第一部保护私有房屋所有权、规范房屋交易的法规。1994 年 7 月，第八届全国人民代表大会常务委员会第八次会议通过的《中华人民共和国城市房地产管理法》（以下简称《城市房地产管理法》）是我国房地产管理的基本法律，标志着房地产法律、政策体系基本建立，我国房地产业进入了全面快速发展的阶段。2020 年，我国商品房销售规模超过 17 万亿元，这表明房地产业已成为我国市场经济体系的重要组成部分。

房地产业税种多、税负重、涉税风险高，其涉及多个主要税种，需遵守的税收法规繁杂。随着房地产业的日趋成熟，行业竞争日趋激烈，行业从土地红利、金融红利过渡到管理红利，管好企业税负已成为房地产开发企业核心竞争点之一。

笔者发表在微信公众号"杰克说财务"的财税文章中，浏览量、点赞量最多的是税收类的文章；在微信群中交流最多的也是房地产税收相关的问题。可以说，房地产税收管理既是房地产开发企业财务管理的重点，也是房地产开发企业财务人员日常工作的难点。

为帮助房地产开发企业财务人员全面系统地掌握房地产税收知识，更好地应对"营改增"后的涉税风险，本书以房地产财务经营的视角，从房地产开发企业全业务链出发，避免单独介绍各个税种而割裂房地产开发企业的经营逻辑，先讲述房地产税收管理、房地产财务运营管理基础知识，帮助读者建立房地产开发经营知识框架，然后从企业设立阶段的税收实操开始分别介绍房地产开发经营五大阶段的税收实操知识，而后介绍三大业务模块，即税务风险管理、房地产财税核算、发票与合同管理的实操知识，带领读者建立全面、系统的房地产税收管理知识框架，帮助读者快速学习和成长。

时代在不断发展，房地产业也在不断变化，我们能做的只有拥抱变化。如果说食物为身体提供营养，那么知识就是为精神提供营养，希望我们能在知识的海洋里共同成长。

由于笔者知识水平有限，书中难免存在疏漏之处，恳请各位读者不吝赐教。有任何意见或建议，可将其发送至邮箱 10660101@qq.com。

欢迎关注微信公众号"杰克说财务"，沟通创造价值，分享助力成长，与大家共同进步！

伍刚

二〇二一年九月于四川成都

《 **目录** 》

第五章 开发建设阶段的税收实操指引

第六章　销售阶段的税收实操指引

第七章　清算阶段的税收实操指引

第八章　税务风险管理实操指引

第九章　房地产财税核算实操指引

第十章　发票与合同管理实操指引

第一章

房地产税收
管理概述

学习房地产税收管理应先从整体上了解税收管理的方法、重点，建立框架，再将具体的知识点放入框架中，从而内化为自己的知识，达到事半功倍之效。

本章主要涉及的知识点有：

- 房地产税收管理框架及重点；
- 房地产税收实操入门方法。

第一节　房地产税收管理框架

税收管理是每个企业都非常重视的管理工作，从经营角度看，税收是国家通过法律法规向境内的所有经济实体收取税费的行为。人从出生起就和"税"打交道了。

税收管理对房地产开发企业而言尤其重要，因为房地产开发企业需缴纳的增值税、土地增值税和企业所得税的总计税额占房屋销售价格的10%～20%。一个房地产项目的销售额少则几亿元，多则几十亿元、上百亿元，缴纳的税费也是千万级甚至过亿的规模。如果房地产开发企业通过税收管理合理合法地缴纳税费，就可以有效提升企业的经营业绩。

既然税收管理如此重要，那么我们应该如何学习并运用呢？很多人会从学习各税种的相关税收法律法规开始，或者从考取税务师开始。税收是一门涉及实践的学问，学以致用很重要；而要学以致用，就需要先搭建好自己的知识框架，再将税收法规、税收知识融入知识框架中，从而形成自己的体系化的税务专业知识，再与实际税收问题相结合，这样才能真正学以致用，而非以"本本"为准。一些所谓的"专家"说起税收法规来头头是道，一旦涉及具体的业务问题处理，就说东道西，不知所云。这不是我们学习税法的目的。

我们应该如何搭建房地产税收管理框架呢？笔者认为可以从以下两个维度入手。

一、组织维度

房地产开发企业的组织形式多样，规模大的企业可以采用"集团—区域—城市—项目"的组织形式，规模稍小的企业可以采用"集团—城市—项目"的组织形式，规模再小一点的企业可以采用"集团—项目"的组织形式。

不论何种规模的企业，项目公司都是房地产开发企业的最小经营单位。因此，从组织维度来说，税收管理需从"项目公司"和"企业集团"两个层面来考虑。

1. 项目公司层面

项目是房地产开发经营的基本单位，也是企业税收管理策略、方法落地的主体。项目公司税收管理的重点在于税负水平管理、税收全周期管理以及税收清算。

税负最优是项目公司税收管理的基本目标。所谓"最优"，实践中并没有一个绝对的标准，一般来说以项目投资决策时确定的税负率作为项目税负管理的衡量标准。

税负率计算公式如下：

$$税负率 = \frac{项目应纳税总额}{项目总货值} \times 100\%$$

$$= \frac{\sum（增值税及附加 + 土地增值税 + 企业所得税 + 城镇土地使用税 + 印花税）}{销售收入总额} \times 100\%$$

需要说明的是，销售收入总额是含税销售额，所以分子包含增值税。房地产开发企业在 2016 年 4 月 30 日之前缴纳营业税，而营业税是价内税，包含在销售收入中。2016 年 5 月 1 日起，房地产开发企业从缴纳营业税改为缴纳增值税，而增值税是价外税，不包含在销售收入内。为了保证"营改增"前后经营数据的可比性，房地产开发企业仍按惯例将增值税统计在销售收入中。契税计入土地成本，车船税等计入管理费用，契税、车船税与企业经营相关性小，不单独列示在税负指标中。

房地产的预售制决定了三大税种征管采用先预缴再清算的方式。1994 年颁布的《城市房地产管理法》建立了商品房预售许可制度。房地产开发企业在商品房建造过程中通过预售房屋取得了销售款，但相应的成本费用并未全部发生，无法确定应交税费的准确金额，这就造成纳税义务发生时间与确定税费时间的差异。为了解决这个问题，我国采用先按预收款项及预征率预征税款，待项目全部完工交付后再据实清算的方式来征管房地产税收。

房地产税收"先预缴再清算"的征管方式可能会造成房地产项目"预缴多交、清算退税"的情况。为了避免出现这类情况，项目需要进行税收全周期管理。

税收全周期管理的要点在于预缴税金不超过项目全周期应交的税金，管控的方法是对比各税种的税负率与预征率，税负率高于预征率则清算补税，税负率低于预征率则清算退税，后一种情况需要房地产开发企业的税务管理人员采取措施尽量避免。

举例说明，某项目增值税的预征率是 3%，而投资测算的增值税税负率是 2%，存在预缴大于清算的情况。那么在项目税收全周期管理中，我们需将管理重点放在增值税发票的取得进度上，确保增值税发票应收尽收，以最大限度地实现留抵退税。国家税务总局公告 2019 年第 20 号《国家税务总局关于办理增值税期末留抵税额退税有关事项的公告》，明确了办理留抵退税有关事项，解决了增值税多缴的问题。

又如，房地产项目采用预计毛利率的方式计算预缴企业所得税，如果项目实际毛利率低于预计毛利率，则会造成企业所得税多缴。而企业所得税的退税，在实操中只有一种情况可以办理。国家税务总局公告 2016 年第 81 号《国家税务总局关于房地产开发企业土地增值税清算涉及企业所得税退税有关问题的公告》中规定："企业按规定对开发项目进行土地增值税清算后，当年企业所得税汇算清缴出现亏损，且没有后续开发项目的，可以按照以下方法，计算出该项目由于土地增值税原因导致的项目开发各年度多缴企业所得税税款，并申请退税……"。除此以外，其他情形造成"先盈后亏"而多缴的企业所得税在实操中很难退税。在税收管理上，我们需要在项目启动后通盘考虑项目的企业所得税规划，通过合理合法的方法构造交易架构，平衡项目不同毛利水平的产品销售情况，确保企业所得税不多缴。

项目税收清算是对项目税负水平最后的确认，清算结果直接决定项目税收成本。因此，在清算阶段，税收管理的重点应为：销售收入的确认，所有销售款项均应收回；成本水平的确认，所有工程均结算完毕，发票已全部开具；核算清晰，各产品成本能合理确定，如涉及成本对象化，还需在招标采购、合同付款及账务处理全链条协同处理，实现税负最优。

2. 企业集团层面

企业集团层面涵盖了项目公司层面以上的所有组织形式，既包括集团公司层面也包括区域、城市公司层面。其税收管理是从多项目、企业整体层面进行的，税收管理的重点在于通过税负均衡实现企业整体税负最优。

企业集团是一个复杂的综合体。首先，企业有多个项目，每个项目的经营情况差异巨大，有盈有亏；其次，企业有多个业务板块，不同板块的经营水平差异也很大，成熟的板块盈利丰厚，而处于培育期的板块，还需企业大力投入，反映在财务结果上就是亏损；最后，企业的资源是有限的，资源的统一调配引起不同法人单位间的关联交易，而关联交易是税务机关关注的重点。

企业集团层面的税收管理工作主要在于整体统筹、税负均衡、税收筹划和享受税收优惠政策的策略及实施。

税负均衡的重点在于企业所得税。一般来说，企业集团作为管理机构会产生大量的费用，但少有收入与之匹配，造成集团公司亏损、项目公司盈利而多缴企业所得税的情况。企业要均衡税负，就需要结合项目全周期盈亏情况、项目开发经营所处阶段、项目当年所得税预汇算情况等统筹安排不同板块间、项目间交易架构及人员分配。

《中华人民共和国企业所得税法实施条例》（以下简称《企业所得税法实施条例》）第四十九条规定："企业之间支付的管理费、企业内营业机构之间支付的租金和特许权使用费，以及非银行企业内营业机构之间支付的利息，不得扣除。"

对于关联交易，《中华人民共和国企业所得税法》（以下简称《企业所得税法》）第四十一条规定："企业与其关联方之间的业务往来，不符合独立交易原则而减少企业或者其关联方应纳税收入或者所得额的，税务机关有权按照合理方法调整。"第四十二条规定："企业可以向税务机关提出与其关联方之间业务往来的定价原则和计算方法，税务机关与企业协商、确认后，达成预约定价安排。"

　　以上规定说明企业集团不能以向项目公司收取管理费的方式来均衡税负。不过，企业集团可以和项目公司之间构造交易，但交易内容、形式等须满足《企业所得税法》第四十一条、第四十二条的要求。

　　针对上述要求，我们在实务中应该如何操作呢？有四种操作方式可以实施。

　　（1）企业集团管理人员下沉到各项目公司。企业可根据自己组织架构的特点，将企业职能部门（如成本管理部、工程管理部、设计管理部等）一定比例的人员、劳动合同、个税缴纳等按一定规则分配至各个项目公司，盈利的公司多分，不盈利或亏损的公司少分，以减少企业集团的管理费用总额。

　　（2）企业集团向部分项目公司提供服务，收取服务费。企业职能部门在业务上、技术上为各个项目提供专业的服务，如项目运营制度制定、工作检查、重难点问题解决、融资服务等，这类服务可以通过商业合同予以显性化，将企业集团的费用分摊至项目公司。

　　（3）企业集团向各个项目公司分摊管理费用。《企业所得税税前扣除凭证管理办法》第十八条规定："企业与其他企业（包括关联企业）、个人在境内共同接受应纳增值税劳务（以下简称"应税劳务"）发生的支出，采取分摊方式的，应当按照独立交易原则进行分摊，企业以发票和分割单作为税前扣除凭证，共同接受应税劳务的其他企业以企业开具的分割单作为税前扣除凭证。"即企业集团为整个企业采购的服务，如 IT 服务、企业形象广告服务等，可采用分摊的方法，将费用下沉至项目公司承担。

　　（4）企业成立独立的服务公司，将部分职能划至独立的公司运营，并向享受该服务的项目公司收取费用，如万科就将共享职能剥离出来，成立专业的服务公司经营。

　　税收筹划与税收优惠政策享受也是企业税收管理的主要内容。项目公司层面的税收筹划是通过项目分期、成本对象化等实现税负最优的，而企业集团层面的税收筹划更多是站在企业全局层面规划集团内部交易，实现税负最优的。比如，有的企业既有房地产开发公司，又有建筑公司、设计公司、物业公司等，其税收筹划需要合理确定各板块对业务链条上与自己紧邻的前后端节点的收费标准。这是关联交易的管理。又如，企业开发多个高品质楼盘，由于项目溢价高、绿化成本高，企业可以成立专门的绿化种植公司、景观施工公司将项目开发经营的利润合理地转移至绿化种植公司、景观施工公司，绿化种植还可享受农林类公司的税收优惠政策。

对于税收优惠政策，企业需系统地梳理各业务板块的税收优惠政策，再结合项目情况考虑是否享受税收优惠政策。例如，财政部公告 2020 年第 23 号《财政部 税务总局 国家发展改革委关于延续西部大开发企业所得税政策的公告》第一条规定："自 2021 年 1 月 1 日至 2030 年 12 月 31 日，对设在西部地区的鼓励类产业企业减按 15% 的税率征收企业所得税。"

国家发展和改革委员会发布的《产业结构调整指导目录（2019 年本）》鼓励类目录中"三十二、商务服务业"的"1. 经济、管理、信息、会计、税务、审计、法律、节能、环保等咨询与服务"，可以享受优惠政策，这与上面所说的企业将共享服务划出单独成立服务公司的做法相契合；"二十二、城市基础设施"的"13. 城镇园林绿化及生态小区建设"也属于鼓励类目录，因此房地产开发企业建造生态小区也能享受按 15% 缴纳企业所得税的优惠政策。

在实务中，房地产开发企业要享受"生态小区建设"的税收优惠政策，关键点在于修建的项目达到生态小区的标准。生态小区的评定由省住房和城乡建设厅负责，如四川省于 2020 年 11 月 30 日发布了《四川省住房和城乡建设厅关于开展城镇园林绿化及生态小区评价工作的通知》，规定了生态小区评价工作的总体要求、评价条件、评价程序和组织实施及保障等。《城镇园林绿化及生态小区评价技术细则（试行）》则从生态小区的一般规定、规划设计与场地布局、建筑设计与质量安全、资源节约与节能技术、智能化与运营管理、园林绿化与环境质量、物业管理与文化建设七个方面提出了明确的评价标准。企业需要在项目享受的税收收益与建设生态小区增加的成本之间进行评估，做出决策。

二、专业维度

从专业维度来看，税收管理主要是搭建管理体系，规范处理合同管理、发票凭证管理、账务管理等基础业务，做好税收申报缴纳、优惠申请、纳税评估及税收风险管理等工作，保护企业税收成果，确保税收风险可控。

专业维度的税收管理体系可以划分为以下三个层次。

1. 基础层

基础层的核心是数据。企业经营产生收入与利润，税收是对企业经营产出成果的分配，数据是对企业经营的记录。企业业务数据的质量决定了税收管理的质量，业务数据的准确性决定了税收金额的准确性，因而，国家对记录数据的会计凭证、账簿、报表的管理非常重视，在相关法律法规里提出了专门的要求。

《中华人民共和国税收征收管理法》（以下简称《税收征收管理法》）第二章第二节"账簿、凭证管理"中对企业基础数据业务处理提出了要求，规定："纳税人、扣缴义务人按照有关法律、行政法规和国务院财政、税务主管部门的规定设置账簿，根据合法、有效凭证记账，进行核算。"

《中华人民共和国会计法》（以下简称《会计法》）第九条规定："各单位必须根据实际发生的经济业务事项进行会计核算，填制会计凭证，登记会计账簿，编制财务会计报告。任何单位不得以虚假的经济业务事项或者资料进行会计核算。"

《会计基础工作规范》第三十六条规定："各单位应当按照《中华人民共和国会计法》和国家统一会计制度的规定建立会计账册，进行会计核算，及时提供合法、真实、准确、完整的会计信息。"

既然基础数据如此重要，那么在税收管理中，基础层主要涵盖哪些内容呢？

第一是税务组织。税务组织是实施税收管理的基本保障，是税收管理重要的基础设施。企业应建立符合自身情况的税收管理流程与组织。

目前，金税四期已逐步上线，企业税务组织建设面临着内外部的挑战。从企业内部看，企业发展需要税务组织在税收预测、税务计划、税务内部监控及税收筹划和风险预警等方面发挥核心作用，需要税务组织在项目投资、融资、管理、退出等各阶段深度参与，提供税收意见，做好规划。从企业外部看，企业面临税务检查与纳税评估的挑战。税务机关基于大数据分析可以对企业不同年度的数据进行纵向对比，也可以进行全行业、同地区的横向对比，还可以结合银行、社保、房管等相关领域的数据分析和纳税评估指标体系来评价企业的税收缴纳情况，发现企业申报数据的可疑点。面对这些挑战，企业需要逐步建立起以流程管理为基础、内部控制和风险管理为核心的税收组织。

第二是税务登记与档案。税务登记是企业获取项目后，在项目所在地的主管税务机关进行登记的活动。税务登记是企业与税务机关建立起业务联系的基本活动。税务登记有设立登记、变更登记、停业登记、复业登记、注销登记和外出经营报验登记。

企业经常办理的是设立登记与变更登记，但对于变更登记，很多企业不重视。例如，企业发生了法定代表人变动、经营范围变动等，不及时办理变更登记，这可能导致税务机关进行处罚。根据《税务登记管理办法》《税收征收管理法》的相关规定，企业未按照规定的期限申报办理税务登记、变更登记或者注销登记的，可以处一万元以下的罚款。税务处罚还会影响企业纳税信用评级，进而影响企业享受税收优惠政策。因此，税务登记工作，特别是变更登记，是企业税务管理需要关注的重点。

税务档案是企业所有纳税资料的档案，主要包括以下几类。

（1）税收法律、法规，项目所在地主管税务机关发布的地方税收法规、指引、意见等。税收法规，特别是当地法规，是税务管理、税费计算的基础。

（2）税收申报资料，包括税收申报表、计算底稿、账务数据等。

（3）财务、税务报表，包括财务账簿、凭证、报表和税务管理报表等。

（4）税收方案与工作计划。税务组织在业务发生前期就介入，形成经充分讨论、论证的税收方案，并制定切实可行的工作计划，定期回顾执行情况，及时纠偏，才能保证税收规划得到有效执行。以上过程中形成的各类原始资料、测算数据、方案策略、执行计划等资料都要由专人保管，备份电子文件。

（5）税务文书。主管税务机关给企业的各类通知文件。

税务档案是对所有税收事项的基础记录资料，是企业税收管理、接受税收检查的重要文件。税收档案管理水平可能影响税务机关对企业经营行为的定性，非常重要。

第三是合同管理。对税务机关来说，房地产开发企业所有的合同、凭证是唯一的检查依据。从收入角度看，税务机关可以到当地房屋管理局调取项目所有的购房合同，根据购房合同就能得到项目的交易金额，从而确定项目的收入总额；从支出角度看，税务机关可以把所有的施工合同记载金额和相关的费用加在一起，得到项目的开发成本和费用。这样收支相减得到项目利润，税务机关可以先通过计算得到项目应交的企业所得税和土地增值税，再对比项目实际缴纳的税金，评估企业的税金缴纳情况。因此，不论是对税务机关还是对企业本身而言，合同是企业经营活动的记录，是税务机关检查的重要资料，企业需要建立完善的合同管理流程与制度，保证合同的签订、应用、保管有迹可循，有证可查。

第四是发票及客商管理。"以票控税"是我国当前的税收征管手段。发票是企业在经营活动中取得的或提供给交易对方的由税务机关、财政机关监制的书面凭证，是财务收支的法定凭证，是税务机关执法检查的重要依据。房地产开发企业在发票管理中除了关注发票真伪、发票要素是否准确外，还要关注不同供应商开出发票的税率是否符合税收法规的要求，以及备注栏里的信息是否准确、完整。

由于房地产项目开发周期长，施工款项会在一定期间多次支付，而在此过程中可能遇到税收法规变化（如税率变化）的情况，因此企业需建立客商管理制度，详细统计每家客商的产值、合同应付款、已付款、发票、进项税额等情况，为下一步税收管理工作做好数据准备。

2. 平台层

平台层的核心是分类。在具备完整、齐备、准确的数据的基础上，企业在平台层面需对数据进行分类管理，确定税额，主要包括：税收申报、缴纳，交易金额的价税分离，预征预缴，汇算清缴以及税收优惠的申请等。

3. 应用层

应用层的核心是分析。企业在基础数据完备及税金计缴准确的情况下，在应用层面从企业、项目整体经营角度进行税收规划、纳税风险管理、税收关系维护、税收分析与报告，保证企业税收工作在法律法规的框架下为企业经营保驾护航，创造效益。

平台层、应用层的内容将在后面的章节中详细讲解，在此只做一般性的介绍，以便读者建立一个大致的房地产税收管理体系。

房地产税收管理体系如图 1-1 所示。

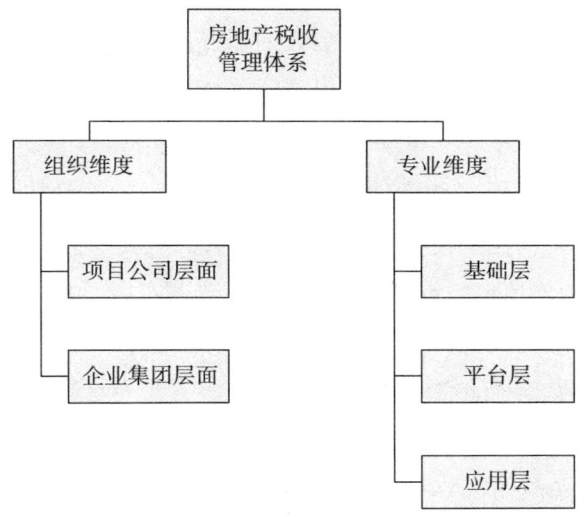

图 1-1 房地产税收管理体系

第二节 房地产税收管理重点

增值税、土地增值税和企业所得税三大税种的税负最高，是房地产开发企业税收管理的重点。

"营改增"后，房地产业的税收政策不断变化，仅增值税税率就从最初的13% 调整到10%，再调整到9%。2020 年，我国政府出台了"减费降税"的政策，而房地产开发企业是否适用，各地税务机关的执行口径差异很大。以上种种情况，客观上造成房地产开发企业税收管理难度大，与税务机关沟通成本高。

2019 年，财政部、税务总局和海关总署联合发布《财政部 税务总局 海关总署关于深化增值税改革有关政策的公告》，规定自 2019 年 4 月 1 日起，试行增值税期末留抵税额退税制度。房地产开发企业增值税实行预缴制，增值税清算需等到项目竣工备案交付后进行，这使得房地产项目建设期进项税额超过预缴增值税税额，从而使退税成为可能。

事实上，房地产开发企业每年可以收到从税务局退回的大量税款，节约大量成本。因此，企业税务组织需要及时更新政策法规知识，对新颁布的相关政策组织专业人员讨论、论证，结合企业实际情况进行研判，及时调整业务流程，做到优惠政策应享尽享，提升经营绩效。

土地增值税是影响房地产项目税负水平的税种中最具波动性的税种，企业税收管理水平高则税负会明显下降。《中华人民共和国土地增值税暂行条例》（以下简称《土地增值税暂行条例》）自 1993 年颁布后，2011 年做了修订，其发布时间久远，政策执行弹性大，与国内房地产形势不太匹配。

由于土地增值税的规定过于简单，房地产开发具体情况复杂多样，各地税务机关对法规的解释与执行口径千差万别。例如，《中华人民共和国土地增值税暂行条例实施细则》（以下简称《土地增值税暂行条例实施细则》）第八条规定："土地增值税以纳税人房地产成本核算的最基本的核算项目或核算对象为单位计算。"房地产开发企业的成本核算对象划分标准多样，有以项目分期为核算对象的，也有以项目业态为核算对象的，还有以开发楼栋为核算对象的，如此种种情形，导致同样的房地产开发项目因核算对象划分不同而产生较大金额的土地增值税税额差异。税务机关为避免房地产开发企业人为调节税负，规定以政府主管部门颁发的相关规划证书作为划分核算对象的标准，而房地产开发项目要办理的证照很多，如用地规划许可证、工程规划许可证、施工许可证、商品房预售许可证等。而税务机关对核算对象划分的标准各异，有以工程规划许可证为标准的，也有以施工许可证为标准的，这也客观上造成土地增值税计缴差异较大。除此之外，对不同核算对象的成本分摊方法、土地成本的处理、地下车位成本的处理等，土地增值税暂行条例及其实施细则都没有具体规定，不同税务机关有不一样的要求，造成项目土地增值税清算结果差异大，房地产开发企业税收筹划的重点也在土地增值税上。以上情况对房地产开发企业的税收管理提出了很高的要求。

企业所得税法相对稳定，国家于 2007 年颁布了《企业所得税法》，并于 2017 年、2018 年两次进行修订。企业所得税相对成熟且法律级次高，实际应用中各地税务机关执行口径比较一致，税收争议也较少。房地产开发企业所得税也一直以国税发〔2009〕31 号《国家税务总局关于印发〈房地产开发经营业务企业所得税处理办法〉的通知》（以下简称"国税发 2009 年 31 号文"）为政策依据。

税收筹划是房地产税收管理的重点内容。房地产业是资金密集型行业，项目收入金额很大，利润丰厚，项目缴纳的税金很多，如果企业通过税收筹划合理合法地节约税费，那么能给企业带来较多的利益。实务中，房地产开发企业的税收筹划从低到高划分为三个层次。

第一层次的税收筹划是最低层次的税收筹划，是由企业财务人员基于对税收法律法规的一般了解、机械理解，为了筹划税收，采用简单粗暴的方式在财务账面上对收入、成本和费用等方面做文章，而业务流程、凭据等无法提供支撑，造成账务、凭据"两张皮"。这种方式主要出现在规模较小的区域性房地产开发企业中。地方性小型房地产开发企业的体量小、实力弱，一般没有专业的税务组织或税务人员专业业务能力较差，经营决策系于企业老板，而企业老板的纳税观念落后。或者企业老板听了几堂所谓专业的税收筹划课程，不考虑企业实际，就要求财务部进行税收筹划；财务人员的专业业务能力不高，只能在老板的压力下，做出一些所谓的筹划动作，以图完成任务，这样企业的税收风险很大。

然而，随着国家在信息技术上的投入越来越大，金税三期全面上线，金税四期也开始试点，第一层次的税收筹划手段已经越来越难以实施，企业的税收风险也越来越高。

第二层次的税收筹划是遵从性筹划，即房地产开发企业的税务组织人员充分学习、理解、运用税收法律法规的各项要求，提前深入参与项目经营，积极规划交易架构，从项目证照取得方式、土地合同和工程合同签订方式、项目业态配比、项目成本对象化等方面编制专业税收筹划方案，并与业务部门充分沟通协调，实施税收方案，实现税收利益。

通常情况下，具备一定规模、多区域发展的房地产开发企业，对税收风险、税收组织的管理更为看重，企业管理以职业经理人为主，税收法律法规的遵从度高。此层次的税收筹划偏重于单个项目或单个区域，税收管理重点在于从项目出发在销售定价、营销节奏、发票规范、成本分摊等方面做出税收安排，实现单个项目的税收收益。但从企业全局来看，单个项目的税负最优并不必然使企业整体税负最优。

第三层次的税收筹划是最高层次的税收筹划，是税务人员站在企业经营的高度上，充分理解税收法律法规，充分结合企业实际状况，对企业不同业务板块、同一经营链条的不同节点进行商业设计，均衡各板块、各节点税负，实现企业整体税负最优。此层次的税收筹划适用于企业集团，因为其有多个相互关联的业务板块，业务链条长，有实施整体税收筹划的需求与条件。

企业税务组织需要研究各板块所处行业的税收法律法规，充分利用不同业务板块的税负差、盈利差，预先安排股权架构及交易模式，实现税收收益。

第三节　如何进行税收实操

税收管理是一门实操性很强的学问，我们要做好房地产税收管理工作，需从两方面入手。一是透彻理解各类税收法律法规，特别是与房地产行业相关的法律法规；二是深刻领会房地产生产经营活动。

房地产税收法律法规的理解与应用在本书后续章节中陆续讲述，本节主要介绍房地产开发企业经营逻辑及税收实操"三性"。

一、房地产开发企业经营逻辑

企业经营的财务目标是获取利润，实现增长。利润是企业经营成果在某一时期的积累，现金流是企业的血液。我们可以将利润看作企业经营的存量，将现金流看作企业经营的流量。存量是稳定器，存量越大，系统越稳定，企业经营越安全；流量改变着存量，流入量超过流出量，存量增加，反之则减少。业务增长的实质是流量增加，存量不断累积，因此，企业经营管理的重点在于流量而非存量，存量只是流量变化的结果，而非原因。

企业经营的起点是股东投入初始资金。企业将股东投入的资金转化为固定资产、存货，再将存货销售出去，形成应收款，最后收回现金。可见，企业经营的起点是现金，终点也是现金。现金的循环流动显示了企业经营活动的财务逻辑。企业增长的实质就是通过现金流循环使终点的现金大于初始的现金，现金流循环越快，每次循环的流量越大，企业增长越快，收益越高。现金流循环如图1-2所示。

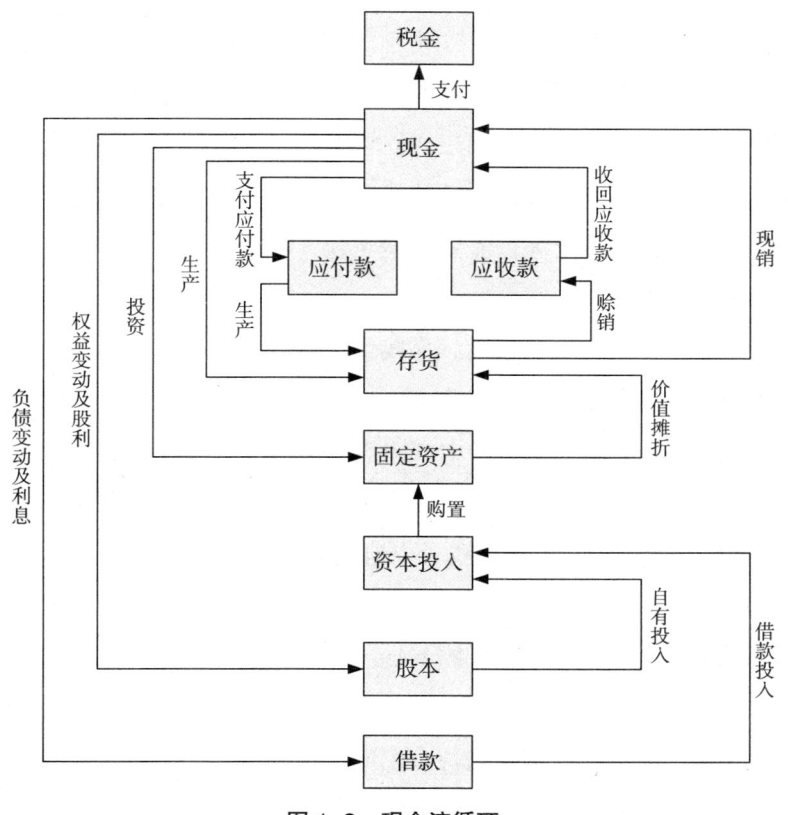

图1-2 现金流循环

图 1-2 中显示的现金到存货，再到应收款、应付款的循环就是财务管理中的资本运营管理；现金到借款、股本，再到固定资产，最后回到现金的循环就是资本运营管理。这张图从财务视角反映了企业经营的全景。

我们可以看到，企业的现金流循环中只有一个节点的现金流出了经营循环，即税金支付节点。税金支付是对企业经营现金的侵蚀，税金支付越多，侵蚀越大，它不仅减少企业的利润，还会减少企业的现金流。因为税金总是以现金支付，不能赊欠，不能用货物抵付。它让企业"失血"，影响了企业的利润增长。

从经营角度看，企业税金支付当然越少越好，但是，国家法律法规强制要求企业依法缴税，所以税收管理就是在遵守税收法律法规的前提下进行税收筹划，以实现税负最小化。这就是我们所说的合理、合法纳税的本意。

房地产开发企业的现金流循环也是一样的。

房地产开发企业筹集资金投入项目，资金来源可以是股东的自有资金投入，也可以是融资借款投入。房地产开发企业在投入资金时，要缴纳注册资本；在借款时，需要签订借款合同，这些都涉及印花税。

房地产开发企业准备好资金后就投入项目，获取土地。取得土地后，房地产开发企业要办理国土证，需要缴纳契税，项目建设期间需要缴纳城镇土地使用税。

房地产开发企业获取土地后，寻找供应商，开工建设，生产产品——商品房。房地产开发企业在支付工程款时，可以现金支付，也可以票据支付，还可以"工抵房"的形式支付。生产建设阶段主要涉及印花税以及关注增值税专用发票的合规性、完整性。如果以"工抵房"的形式支付款项，房地产开发企业还涉及视同销售的增值税、土地增值税和企业所得税。

项目取得预售证后，开始销售，回收现金，这个过程中涉及预缴增值税、预缴土地增值税以及按预计毛利率计征企业所得税。

至此，一个典型的房地产项目就完成了一次现金流循环。在每个阶段，房地产项目都要按税法规定缴纳税金，所以税收管理需要结合企业经营在不同的生产经营阶段采取不同的措施合理合法地交税。

二、税收实操"三性"

由于税收管理是一门理论与实务充分结合的工作，我们在税收实操中需要做到以下三点。

1. 数据的准确性

数据的准确性是指财税数据应充分反映经营实质与成果，各类数据间的勾稽关系明确，数据逻辑清晰。数据的准确性不等同于精确性。数据精确性的核心在于精度，即数据达到统计要求的精准度，如数据精确到元、角、分，或精确到万元。数据准确性的核心在于逻辑清晰，即统计数据可能精度不高，但各类数据间的逻辑勾稽关系准确。

在税收管理上，数据准确性的重要程度高于精确性。当然，这不是说精确性不重要，税金的计算、缴纳和各类税金报表的填列等必须精确。数据准确性更重要的主要原因是税务局在对企业进行纳税评估时，从经营逻辑出发倒推税金计缴是否正确、是否存在错漏。笔者曾经历过一次房地产行业的全面税务稽查，税务局首先要求企业自查。税务局在分析企业自查资料的基础上，会要求企业补充各类数据，如果企业填报数据的准确度不高，税务局就很容易从数据中发现问题，要求企业对问题进行解释。如果数据逻辑不通，企业无法解释或漏洞百出，税务局就可能现场检查企业，甚至立案稽查，从而给企业造成不必要的麻烦与损失。

所以，数据统计的准确性非常重要，其是税收管理的基础。那么如何保证数据的准确性呢？这就需要企业税务人员深入学习房地产开发企业的经营管理逻辑，先跳出税收法规的条条框框理解企业运营的整体情况，再结合税法对经营活动进行规划。

2. 法规理解的透彻性

税收法规是税收实操的基础，但由于国内税收法规还处于不断完善成熟的过程中，各地税务机关在法规解释、执行上略有区别。

法规理解的透彻性是指企业税务组织要结合企业实际情况以及当地税务机关对税收政策的实施尺度理解税收法规，而不是仅凭法规的字面意义理解。

比如：房地产项目的地下可售有产权的车位在计算企业所得税时是否分摊土地成本？

国税发 2009 年 31 号文第三十三条规定："企业单独建造的停车场所，应作为成本对象单独核算。利用地下基础设施形成的停车场所，作为公共配套设施进行处理。"

第三十条规定："企业下列成本应按以下方法进行分配：（一）土地成本，一般按占地面积法进行分配。……（二）单独作为过渡性成本对象核算的公共配套设施开发成本，应按建筑面积法进行分配。"

根据条文字面理解，车位可以作为公共配套设施处理，土地成本按占地面积法分摊后，再按建筑面积法分摊至车位上。但这样操作在经营上存在很大的问题，因为车位的售价一般较低，销售时间在项目后期，可能在项目完成清算后都没有销售完毕。如果车位分摊了土地成本，就会形成大额成本预留，造成项目"先盈后亏"的情况，即企业先交所得税，但后期车位销售形成的亏损无法弥补，损害企业利益。

要应对这种情况，企业税务组织需要了解当地税务机关的执行口径，不能仅凭税法的字面意义来操作。由于土地价格是按计容面积来计算的，计容面积是地上的建筑面积不含地下面积，而地下车位是地下建筑，土地价格并不包括地下车位价格，因而地下车位不应分摊土地成本。对于这一理解，笔者所在城市税务局认可，并在其内部执行口径上统一规定："土地成本的主要组成部分是土地出让金。如果土地利用规划或土地出让合同中有关容积率的计算、土地出让金的计价依据等规定未包括地下车位，则地下车位不分摊土地成本。"

因此，要在透彻理解相关法规的基础上进行税收管理，不能望文生义。

3. 实务操作的灵活性

凡事都有两面性。前文提到因我国税制不成熟，税务机关的执行灵活性高，给企业税务管理造成障碍，但从另一方面来看，这也给企业税务灵活操作提供了空间。

实务操作的灵活性是指企业税务组织从经营实际出发，在透彻理解税收法规的基础上，站在企业角度与税务机关沟通、协调对税收法规的解释，争取对企业有利的执行口径；亦指为实现经营目标，企业税务组织策划多种方案，根据实际情况灵活操作。

　　比如：企业为部分高级管理人员支付税后薪酬，可以在工资性薪酬外以支付分红、报销费用或支付劳务报酬等多种方式灵活操作达到目的。

第二章

房地产财务运营
管理概述

房地产税收管理是财务管理的重要一环，而财务管理又是企业运营管理的重要内容之一。因此，要做好税收实操工作，我们需要从房地产开发企业运营管理的整体入手，建立全面的运营管理图景，为税收实操打下坚实的基础。

本章主要涉及的知识点有：

- 房地产运营管理概述；
- 房地产财务运营要点；
- 房地产税收管理与财务运营的关系。

第一节　房地产运营管理概述

房地产运营管理的目标是实现业务增长，而业务增长的结果是利润增长，那么房地产经营的目标就是追求利润最大化吗？

其实，这样理解是有问题的。一方面利润是绝对值，没有反映取得利润的资源投入；另一方面利润只反映结果，不反映取得结果而承担的风险。那么，房地产经营的目标是什么呢？或者说，用什么样的指标来衡量企业的经营成果呢？关于这个问题的回答在企业管理领域可谓仁者见仁，智者见智。

在房地产领域，2020年8月，国家出台了对房地产开发企业融资的"三条红线"限制；2020年12月，国家发布了银行类金融机构对房地产融资的"两条红线"限制；2021年3月，国家对22个城市实行"双集中"供地的政策……这些政策将加速我国房地产业的优胜劣汰，对行业发展产生深远的影响。因此，房地产开发企业应建立以财务管理为核心的运营管理体系，向管理要效益，向市场求生存。

一、房地产价值链

房地产经营从横向看，以获取土地开始，到结转清算结束，需经历七个主要阶段。

1. 土地储备

土地是房地产开发企业生产的原材料。土地价值高，资金占用量大，对实力不强的房地产开发企业来说，买错土地可能会影响到企业的生存。因此，企业会根据自己的经营能力、资源能力进入合适的市场，选取合适的地块。

房地产开发企业从公司战略规划出发，结合自身经营能力，关注布局的城市能级和业态要求，筛选意向土地项目。在土地储备上，企业需根据未来三到五年业务增长的规划，结合企业回款预期和融资资源情况，确定土地储备的量（数量与质量）。

评价土地储备质量的一个关键指标是"地货比"，即项目可售货值（即可售产品的总销售额）与土地获取价格之比。地货比的比值越高，表示土地的产出越大，项目风险越小。

地货比的计算公式如下：

$$地货比 = \frac{项目可售货值}{土地获取价格}$$

2. 开工建设

开工建设特指新项目开工并建设至达到预售条件的阶段。在运营管理中，企业应在新年初始测算项目开工量，并与销售量进行比较，确定合理的开工速度，达到既保证企业销售需要、企业利润增长的需要，又不致开工量过大造成浪费的目的。

开工建设量是否合适的一个评价指标是"开销比"，即年度开工建筑面积与年度销售建筑面积之比。比值的合理取值范围应结合企业以往经验数据确定。

开销比的计算公式如下：

$$开销比 = \frac{年度开工建筑面积}{年度销售建筑面积}$$

3. 货量供应与销售去化

货量供应是指往年已开工建设的项目，在当年可形成销售的建筑面积，主要反映供货效率，即供货能力能否满足销售需求。反映供货能力的指标是"销货比"。

销货比的计算公式如下：

$$销货比 = \frac{已开工未供货建筑面积}{年度供货建筑面积}$$

销售去化是指房地产项目可售产品已实现的销售面积。按以销定产的经营思路，项目供货进度应与销售进度相匹配，以"供销比"反映。

供销比的计算公式如下：

$$供销比 = \frac{年度销售建筑面积}{年度供货建筑面积}$$

4. 库存去化

房地产项目取得预售证后超过 6 个月未销售的产品，可视为库存产品；超过 12 个月未销售的产品，可视为长期库存产品，这类产品又被称为滞重库存（滞销的重资产）。库存去化的管理重在库存对资产周转率以及对资金使用效率的影响。反映库存去化情况的一个关键指标是"存销比"。

存销比的计算公式如下：

$$存销比 = \frac{年初库存面积}{年度销售面积}$$

5. 回款管理

回款是销售的终极目标，也是支撑房地产开发企业现金流循环的核心。回款管理的主要内容是在途款项的收回效率和企业收支平衡。

反映回款效率的指标有累计回款率和当年新售当年回款率。累计回款率反映项目从开始销售到回款统计日的回款情况，当年新售当年回款率反映当期销售回款的情况。在实操中，我们更关注后一个指标，因为当年新售当年回款率高说明当期的回款效率高，对企业经营的支撑更有力。

累计回款率和当年新售当年回款率的计算公式如下：

$$累计回款率 = \frac{项目开始至统计日的全部回款金额}{项目开始至统计日的全部签约金额}$$

$$当年新售当年回款率 = \frac{项目当年新售产品的回款金额}{项目当年新售的签约金额}$$

6. 融资管理

房地产的融资管理贯穿项目经营的全周期。在获取土地时，企业可做土地拍卖保证金融资、土地款融资以及收并购融资；取得土地后，企业可以做土地抵押贷款、项目开发贷款；项目销售后期，部分滞销产品可以做项目抵押贷款或将资产用于其他项目贷款的抵押物，从而增加贷款金额；项目进入经营期后，企业可做经营性物业贷款。对房地产开发企业而言，前融贷款、项目开发贷款是主要的贷款品种。

评价融资管理的主要指标有：杠杆率（反映企业"以融保投"的能力）、现金短债比（反映企业融资风险）。

杠杆率和现金短债比的计算公式如下：

$$杠杆率 = \frac{项目融资金额}{项目资金峰值金额} \times 100\%$$

$$现金短债比 = \frac{项目期末现金金额}{项目短期借款金额}$$

7. 结转清算

结转清算是房地产项目开发的最后阶段，这一阶段的主要工作内容是工程结算（确定每项工程的最终金额）、收入成本结转（将经营成果反映到利润表中）和税收清算（确定项目各类预缴税金的最终金额，多退少补）。

上述房地产开发价值链上的各个阶段都涉及相关经营业务的税收处理，因此，税收管理也贯穿项目开发全周期。本书将按房地产开发经营的各个阶段讲解涉税处理。

房地产运营管理从纵向看，涉及投资、营销、设计、工程、客服、成本、财务和运营八大职能部门。八大职能部门与房地产价值链上的七个阶段构成一个管理矩阵，每个部门在不同阶段的作用不同。但企业税收管理贯穿财务工作过程，其工作成果需要业务部门的密切配合才能实现。对于各个部门在房地产价值链上不同阶段的税收管理方面的职责与作用，本书将结合各个阶段涉税处理一一讲述。

二、房地产经营逻辑

企业经营的实质是实现业务增长。房地产开发企业从两个维度来衡量业务增长——收益和现金流。

房地产业是资金密集型行业，一个地产项目的启动资金少则几亿元，多则数十亿元。即使房地产融资渠道丰富多样，房地产开发企业运作一个项目投入的自有资金也需要数亿元。

同样,密集的资金投入带来的是巨大的销售回款,房地产项目的销售回款也是数亿元至数十亿元,甚至上百亿元。因此,对房地产开发企业来说,现金流循环是否通畅、转动是否快速,是影响企业增长能力的基本要素。

收益是企业发展的基本保障。企业现金流循环成果在财务报表上体现为利润,企业增长最终体现为利润增长。房地产开发企业一般用 ROE(股东回报率)或 ROIC(资本回报率)来衡量企业的收益水平。

ROE 和 ROIC 的计算公式如下:

$$ROE = \frac{销售净利润}{股东权益} = \frac{销售净利润}{销售收入} \times \frac{销售收入}{资产总额} \times \frac{资产总额}{股东权益}$$

$$= 销售净利率 \times 资产周转率 \times 权益乘数$$

$$ROIC = \frac{EBIT \times (1-企业所得税率)}{有息债务 + 股东权益}$$

ROE 指标存在以下问题。

(1)期间问题。企业经营面向未来并且基于长远的目标做出决策,而 ROE 反映企业过去的经营成果且只关注一个期间。所以,ROE 有时会曲解企业业绩。

(2)风险问题。在企业经营中,管理层会面临一个困境——如果想取得优异的业绩,就得做好追求高收益而承担风险的准备;如果想保证业务安全,就需要放弃高收益而追求安全性。ROE 的问题在于它不反映任何的风险。

(3)计价问题。ROE 衡量股东投入的回报,但投资数据是账面金额而非市场价值。市场价值对股东来说更重要,因为它衡量的是股权当前的、现实的价值。

ROIC 将企业投入的自有资金与借入的有息负债都纳入计算范围,体现了企业经营的财务风险,更能反映企业投入资本的收益水平,较 ROE 更能全面评价企业经营成果。

我们以现金流状况和收益水平为划分标准,可以将房地产项目划分为图 2-1 所示的三类。

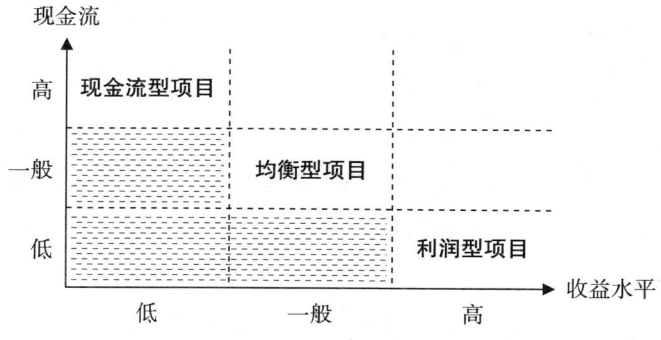

图 2-1 房地产项目分类

现金周转速度快、项目杠杆率高、收益水平低的项目为现金流型项目。这类项目运营的关键在于"快"——从拿地到开盘、从签约到回款、从建设到交付都很快，用最少的资本投入在最短的时间内赚取最大的收益。虽然这类项目收益率低，但现金周转速度快，可以降低企业的经营风险，快速扩大企业规模，提升企业行业地位，从而增强企业资源获取能力。这种操盘思路常见于"冲规模"阶段的房地产开发企业。

利润型项目的特点是收益水平高、杠杆率低、现金周转速度较慢。这类项目运营的关键在于提升品质，塑造企业品牌形象，实现高溢价。这种操盘思路多见于成熟类企业。

处于现金流型项目与利润型项目之间的是均衡型项目，其特点是收益水平一般、杠杆率一般、现金周转速度一般。这类项目多受限于土地与周边环境，要实现高溢价或高周转均较难。这种操盘思路常见于地方性小型房地产开发企业，这些企业对规模和利润都没有太高的要求。

图 2-1 左下部分的项目是收益与现金周转速度都低的项目，一般来说，这类项目没有开发利用的价值，属于"排除"项目；位于图 2-1 右上部分的项目是收益与现金周转速度都高的项目，这类项目是房地产开发企业喜欢的，但可遇不可求，属于"捡漏"项目。房地产开发企业获取"捡漏"项目要靠时机与运气。

因此，房地产开发企业的经营逻辑是以现金流为核心，以最少的投入在最短的时间获取最大的收益，以全项目、全周期、全专业的经营体系为支撑，实现企业的经营战略。

三、大运营介绍

"大运营"是近几年在房地产业很流行的一个概念。我国房地产开发企业运营管理走过了项目计划管理阶段、企业职能管理阶段，正进入财务运营管理阶段。

大运营就是以财务经营目标为导向，以现金流和利润为核心，覆盖企业八大职能部门，实现全项目、全周期、全专业的运营管理，确保企业在七大经营阶段的经营动作匹配企业战略，实现企业经营目标。

"以财务经营目标为导向"是指企业的经营策略以实现财务目标为要务。企业的目标多种多样，有财务类的，也有非财务类的，这些目标都是保证企业的生存与发展。大运营更强调财务目标的强制性。财务状况反映企业的经营成果，企业应通过财务状况反推经营动作，铺排经营工作。

"七大经营阶段的经营动作匹配企业战略"是指不同的企业经营战略对各部门在不同经营阶段的要求不一样。比如：现金流型的项目，经营战略是"快"，所以，企业需要在项目可行性研究阶段、拿地阶段、开工阶段、预售阶段，通过"早起跑"（拿地时就完成概念设计、取得项目就进场施工、销售展示区单独划区建设等）、"串改并"（方案设计、施工图设计、桩基设计等并行；土方施工与展示区施工并行；开发报建与开工建设并行等）、"控周期"（以满足销售需求为目标，快速完成展示区建设并交付使用；按预售批次与预售要求抢进度，按期达到预售条件）等方式提升项目开发速度，尽一切可能实现快速销售。

第二节　房地产财务运营要点

财务运营管理是将财务活动整合到经营业务活动中，以财务指标为核心，以"以财务数据反映经营成果，以经营过程管理实现财务目标"的管理逻辑，从财务指标出发，跟踪经营动作是否到位，进而铺排经营活动，最终实现财务目标的管理活动。

一、房地产财务管理特点

随着房地产业的发展及国家精准调控的长效机制逐步建立，房地产业的竞争越演越烈，这使得房地产开发企业必须加强管理，以应对经济环境的巨大变化。财务管理作为企业运营管理的重要组成部分，也呈现出以下特点。

1. 以企业战略为基础

企业战略来源于企业预设的长期目标及为实现这些目标所制定的行动方针和资源分配方案，目标是使企业拥有持续的竞争优势，从而保证企业的生存和发展。

经济环境是一个自我进化的系统，经济进化的要素是商业设计。我们可以把商业设计看作生物体的 DNA，DNA 既有遗传性也有变异性，而进化的进程取决于变异性，因为环境变化引起变异性，变异性引起适应性。

企业的经营模式是企业适应经济进化的商业设计，企业战略是经营模式的具体体现。企业战略适应经济环境，企业就会成长，规模就会扩张。而经济环境是不断变化的，这也要求企业战略要随之而变。企业战略只有继续适应经济环境，企业才能继续生存和发展。

因此，企业战略是企业的"DNA"，是一切经营活动的基础。财务管理是企业战略的重要组成部分，是对企业经营资源的调用与分配，随企业战略的改变而变化。

2. 以全周期经营为主体

房地产项目开发经营时间长，短则两三年，长则五六年。为确保成功经营项目、正确评价经营成果，房地产开发企业会组织各部门编制项目全周期经营计划，对项目经营目标、策略、计划及现金流等进行铺排。

项目全周期经营计划也是财务管理的重要抓手。不论是资金管理还是税收管理，房地产开发企业的财务管理都从项目着手，以跟踪项目全周期经营计划差异，铺排经营动作，从而实现经营目标。

3. 以现金流管理为核心

房地产业的特征是资金密集、项目经营周期长、受政策的影响大。我国房地产业对政府的财税政策、金融政策高度敏感，这就要求房地产开发企业必须做好现金流管理，这样才能保证企业的生存与发展。

房地产开发企业的现金流管理可以分为两个层次。

在企业集团层面，房地产开发企业必须综合考虑企业整体的现金流状况，从销售回款到工程支付、投资需求、融资还款等。

在项目公司层面，项目的销售回款、开发支出和融资还款是现金流管理的主要内容。项目回款速度快和项目经营现金流能满足项目自身的资金需求是现金流管理的基本要求。

4. 以税收管理为重点

房地产开发企业的销售收款动辄上亿元，涉及的增值税、企业所得税和土地增值税税额是政府税收的重要来源，也是企业现金支出的大项。

房地产业是税务机关重点关注的行业。从2000年到2012年的十几年间，房地产业都被作为重点检查行业纳入税务机关的工作重点中。这说明房地产业既是我国税收来源的重要行业，也是税收执法的重点检查行业。

因此，税收管理是房地产财务管理的重要内容之一。

5. 以会计核算为基础

会计核算是通过会计假设，以会计要素为对象，对企业财务信息进行采集、分类、披露的活动。合格的会计核算信息是外界评价企业经营能力与经营成果的重要依据，也是企业参与经济活动的标准语言。

会计核算信息也是房地产开发企业进行财务分析的基础，企业可以通过报表数据的前后对比、行业的横向对比等，找到经营中存在的问题以及与行业标杆之间的差距，从而促进企业反思，提高经营效率。

二、财务运营的逻辑框架

财务运营的逻辑框架是平衡计分卡。平衡计分卡是美国哈佛商学院会计学教授罗伯特·卡普兰（Robert S. Kaplan）和美国复兴方案公司总裁戴维·诺顿（David P. Norton）在 1992 年共同创造的。平衡计分卡从企业愿景和战略出发，采用驱动业务进步的财务、非财务指标，从财务、客户、内部流程、学习与成长四个维度来考查企业的业绩。其逻辑框架如图 2-2 所示。

财务业绩指标用于评价企业战略的执行是否为增加企业盈利做出贡献。财务目标的实现程度通常与获利能力有关，财务方面的衡量指标有 ROE、ROIC、销售收入、现金流等。

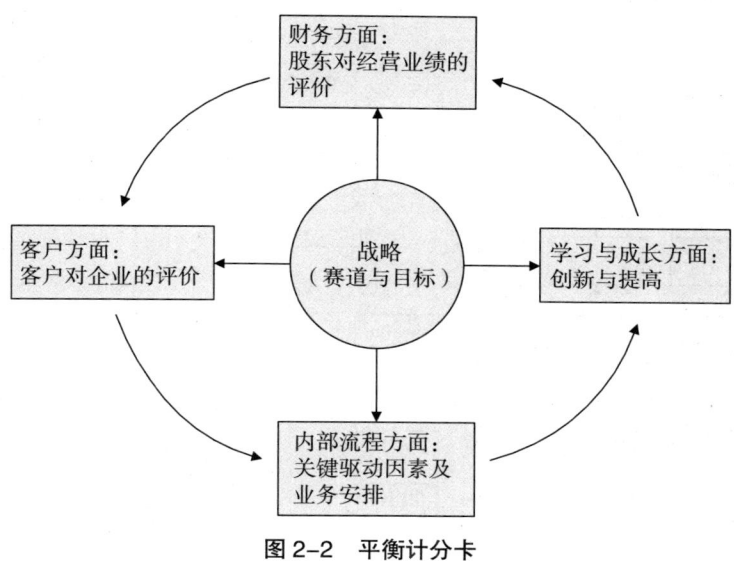

图 2-2　平衡计分卡

企业的赛道决定了企业的客户对象。客户方面通常包括客户满意度、客户保持率、客户获得率和市场占有率等。

内部流程是企业基于业务特点建立的生产经营链条，是企业基于战略和为客户服务生成关键经营动作的外在体现，是生产经营的成本动因。

学习与成长确立了企业要实现长期的成长和改善而必须建立的基础体系，它来源于人、系统和组织程序。其衡量指标有员工满意度、员工保持率、员工培训和技能等。

平衡计分卡是财务运营的基本逻辑，是将企业愿景、战略转变为目标和指标的方法。企业首先基于战略目标绘制战略地图，然后通过战略地图制定经营规划，最后确定年度经营目标。企业各级管理单位据此确定本单位的KPI（关键绩效指标）及财务目标，将企业经营活动与战略意图密切关联起来。

三、财务运营体系

在财务运营方面，我们需要搭建以 ROE（或 ROIC）为核心指标的财务指标体系，以指标的动态变化反映经营的效果。对房地产开发企业而言，其以 ROE 为核心的财务指标体系如图 2-3 所示。

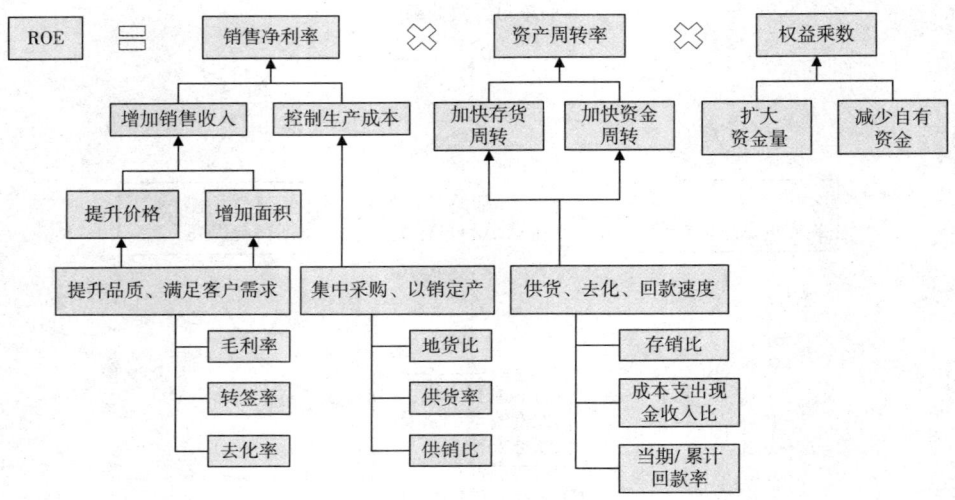

图 2-3　以 ROE 为核心的财务指标体系

（1）毛利率反映企业基本盈利能力。通过毛利率的行业对比、趋势对比，企业可以跟踪盈利能力的变化。

（2）转签率反映客户从认购转化为签约的能力。

（3）去化率是签约面积占可售面积的比例，是反映产品销售情况的关键指标。

（4）地货比是项目总货值与土地价格的比值，反映区域地价水平及项目投资端的业绩。其越大越好，越大表示项目盈利空间越大。

（5）供货率是已取预售证面积与总可售面积的比值，反映企业开发流程、供应商管理、设计能力、报批报建能力、工程建设能力。供货是销售的基本保障。

（6）供销比是已供货产品可售面积与一定期间平均销售面积的比值，反映已供货产品的销售情况，是以销定产的关键指标。

（7）存销比是已供货未销售产品面积与一定期间平均销售面积的比值，反映存量的去化速度，是评价存货周转率的关键指标。

（8）成本支出现金收入比是当期工程成本现金支付总额与当期销售回款额的比值，反映销售回款覆盖工程支出的能力。

（9）当期／累计回款率是当期／累计回款金额与当期／累计签约金额的比值，是反映企业资金运营能力的关键指标。

企业的财务运营能力主要体现在周转率和回款能力上。一般而言，企业资产规模越大，资产周转率越低，企业需平衡周转率和项目体量的关系。如果项目体量大、周转率低，项目利润就要高；如果项目体量小、周转率高，那么项目利润可以低一些。

房地产开发企业的周转率主要由两方面决定，即建设速度和销售速度。按"以销定产"的要求，建设速度以销售速度为基础，所以，销售速度决定了周转率。销售速度受制于企业的策划定位、开发流程、设计、报建、供应商资源与管理及工程建设能力等，是企业核心竞争力的体现。

回款能力在金融政策收紧的前提下对企业经营的重要程度越来越高。回款能力同样基于销售能力。一方面企业回款要做到"只要卖得出，就要回得来"，另一方面财务运营要做现金流统筹管理工作，对不同区域、不同项目的经营现金流回正周期提出要求，对长期库存产品的销售、认转签的时效性等都要制定详细的要求，让项目经营围绕现金流这一核心运转。

第三节　房地产税收管理与财务运营的关系

如第一章现金流循环图所示，企业得以持续经营的基础是现金流循环一次后的余额大于企业的初始投入额，企业财务管理的核心也是现金流管理。

企业税金的支付是唯一流出企业现金流循环的节点，因此，税收管理是房地产财务管理的重点。其核心是房地产开发企业在合法合规的前提下，通过经营铺排，构建合理的交易架构与路径，达成依法少缴、缓缴税金和多享受、早享受税收优惠政策的目标。

财务运营管理将财务活动整合到经营业务活动中，以财务指标为核心，跟踪经营动作是否到位，进而铺排经营活动，最终实现经营目标。财务运营管理是房地产开发企业大运营体系中的一环，其核心在于跳出财务职能的局限，以财务目标实现为宗旨，统筹协调八大职能部门，进行全项目、全周期的现金流与收益管理。

企业资金的收支构成了企业经营活动的重要方面。企业的财务活动可以分为以下几个方面。

（1）企业投资的财务活动。

（2）企业经营的财务活动。

（3）企业分配的财务活动。

（4）企业筹资的财务活动。

企业在进行上述四类财务活动的过程中，可能与企业内外部关系人发生广泛的联系，如股东、债权人、债务人、供应商、客户、员工、政府职能部门（如税务机关）等。以上财务活动与内外关系的处理构成了财务运营管理工作的主要内容。

税收管理作为财务运营管理的重要组成部分，其主要内容是在企业的投资活动、经营活动、分配活动及筹资活动中，积极协调处理内外关系，充分利用税收法律法规，通过前置的、合理的交易设计与安排，降低企业税负，减少税金支出，增加企业现金余量，实现企业财务目标。

本书按照上述框架，从企业设立开始，分阶段讲解房地产开发企业税收管理逻辑、方法与操作要点。

第三章

企业设立阶段的税收实操指引

前两章简略介绍了房地产税收管理及房地产经营逻辑，我们了解到房地产税收实操应根据房地产开发不同阶段的经营实质出发，专注于三大税种的税务处理。从本章开始，我们进入房地产税收实操知识的学习阶段。

本章主要涉及的知识点有：

- 房地产开发企业设立的税收处理；
- 房地产股权架构搭建要点；
- 房地产开发企业重组的税收处理。

第一节　企业设立阶段税收实操指引

在正式学习房地产税收实操知识之前，我们应从整体上认识房地产项目的整体开发流程。房地产项目开发流程如图 3-1 所示。

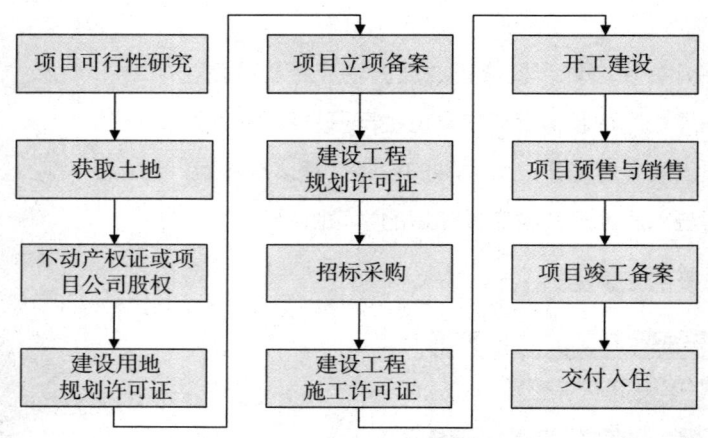

图 3-1　房地产项目开发流程

一个完整的房地产项目开发流程是从项目可行性研究开始的，确定项目可行后，房地产开发企业就进入竞争激烈的土地市场了。企业获取土地后，交清土地款就开始办理不动产权证、用地规划许可证、工程规划许可证及施工许可证。企业取得施工许可证后就可以正式开工了。当项目修建进度达到预售条件后，企业就可以办理商品房预售许可证，正式开售了。项目在预售的同时，施工建设正常推进，直到所有建造工程完工，办理项目竣工备案。项目正式取得竣工备案证后，企业就可以将商品房正式交付业主。业主成功收房、入住后，项目进入物业管理阶段，至此项目开发工作全部完成。

因此，房地产项目开发的第一个环节是获取土地。房地产开发企业税收实操的第一步就是确定企业组织形式。

我国的企业组织形式主要有独资企业、合伙企业，以及有限责任公司和股份有限公司。房地产项目新设公司一般为有限责任公司；房地产开发集团公司可为有限责任公司或股份有限公司；房地产开发企业有跟投机制的，可设立合伙企业作为员工持股、跟投的运作平台；独资企业是房地产开发企业很少使用的组织形式。

企业组织形式的选择，需从税收和融资两个方面考虑。

一、税收方面

不同的组织形式适用不同的税收法律法规，产生不同的税收效益。

1. 合伙企业

《中华人民共和国合伙企业法》第二条规定如下。

（1）合伙企业是指自然人、法人和其他组织依照本法在中国境内设立的普通合伙企业和有限合伙企业。

（2）普通合伙企业由普通合伙人组成，合伙人对合伙企业债务承担无限连带责任。

（3）有限合伙企业由普通合伙人和有限合伙人组成，普通合伙人对合伙企业债务承担无限连带责任，有限合伙人以其认缴的出资额为限对合伙企业债务承担责任。（注：普通合伙人通称为"GP"，有限合伙人通称为"LP"）

合伙企业在房地产开发企业中的应用场景主要是员工持股与跟投。由房地产开发企业成立有限合伙企业，房地产开发企业作为GP，跟投员工作为LP，员工将跟投资金投入合伙企业，占有合伙企业份额。合伙企业在收到全部投资人的款项后，将资金投入跟投公司的实收资本中，占有一定比例的股份。项目公司开发销售完毕后，合伙企业按股份比例分享项目收益，跟投员工按合伙份额分得项目收益。

通常，企业向个人支付股息、红利需代扣代缴个人所得税。《个人所得税扣缴申报管理办法（试行）》第二条规定："扣缴义务人应当依法办理全员全额扣缴申报。"第四条规定："实行个人所得税全员全额扣缴申报的应税所得包括：……（五）利息、股息、红利所得……"通常情况下，企业生产经营取得利润需缴纳企业所得税，企业向个人支付股息、红利需代扣代缴个人所得税。可见，个人对企业的投资收益被"双重"征税，税负很高。

合伙企业在税收上享有"透明体"的声誉。国发〔2000〕16号《国务院关于个人独资企业和合伙企业征收所得税问题的通知》规定："自2000年1月1日起，对个人独资企业和合伙企业停止征收企业所得税，其投资者的生产经营所得，比照个体工商户的生产、经营所得征收个人所得税。"这里明确了合伙企业的税收"透明体"功能。

合伙企业不缴纳企业所得税，由合伙人分别缴纳个人所得税；有限合伙企业的利润分配由合伙人自由约定，不受出资比例的限制，有利于企业员工、股东根据经营策略灵活安排分红比例。

财税〔2000〕91号《财政部 国家税务总局关于印发〈关于个人独资企业和合伙企业投资者征收个人所得税的法规〉的通知》（以下简称"财税2000年91号文"）附件1《关于个人独资企业和合伙企业投资者征收个人所得税的法规》第四条规定："个人独资企业和合伙企业（以下简称企业）每一纳税年度的收入总额减除成本、费用及损失后的余额，⋯⋯比照个人所得税法的'个体工商户的生产经营所得'应税项目，适用5%～35%的五级超额累进税率，计算征收个人所得税。"这里明确了合伙企业个人所得按"个体工商户的生产经营所得"纳税。

国税函〔2001〕84号《国家税务总局关于〈关于个人独资企业和合伙企业投资者征收个人所得税的规定〉执行口径的通知》规定："个人独资企业和合伙企业对外投资分回的利息或者股息、红利，不并入企业的收入，而应单独作为投资者个人取得的利息、股息、红利所得，按'利息、股息、红利所得'应税项目计算缴纳个人所得税。"这里对财税2000年91号文做了补充，即区分合伙企业自身经营所得与对外投资所得，将合伙企业对外投资分得的利息、股息、红利单列出来，不作为合伙企业生产经营所得纳税，而是按"利息、股息、红利所得"纳税。房地产开发企业的员工持股平台分得的项目公司利润应按此要求操作。

对于合伙制股权投资类企业，其经营所得和其他所得"先分后税"，由各合伙人分别缴纳个人所得税。执行有限合伙企业合伙事务的自然人普通合伙人（GP），按照"个体工商户的生产经营所得"项目缴纳个人所得税，适用5%～35%的五级超额累进税率；不执行有限合伙企业合伙事务的自然人有限合伙人（LP），其从有限合伙企业取得的股权投资收益，按"利息、股息、红利所得"应税项目，依20%的税率计算缴纳个人所得税。对于公司类合伙人，其分得的收益应并入企业应纳税所得额，按企业所得税相关规定计算缴纳。

2. 母子公司

房地产开发企业在设立项目公司时一般都采用母子公司架构，具体如图 3-2 所示。

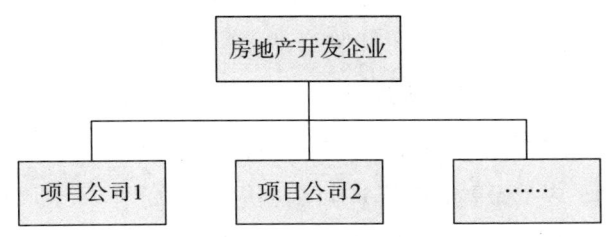

图 3-2 房地产开发企业母子公司架构

一些规模较大的房地产开发企业在某区域精耕细作，开发多个楼盘，为了便于管理、突出企业在某区域的实力、打造品牌，这些企业会设置区域公司。其架构如图 3-3 所示。

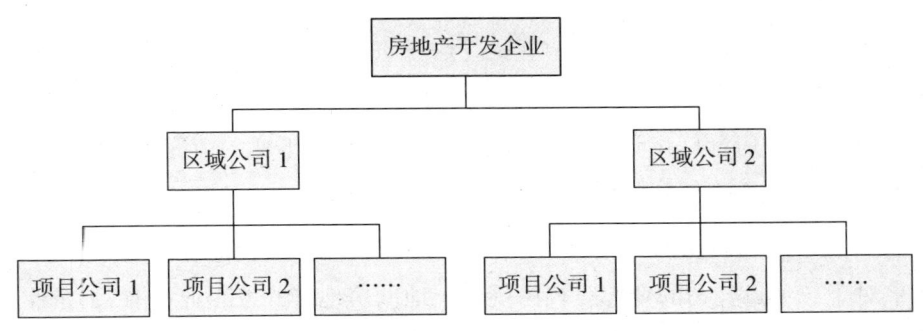

图 3-3 房地产开发企业区域公司架构

以上公司架构设置是从管理维度考虑的，而从税收角度考虑，上述架构过于简单，不满足要求。

2016年"营改增"后，房地产开发企业取得的土地票据是省级人民政府开具的非税收入缴款收据，不是增值税发票，没有进项税额抵扣；而土地成本是房地产开发中最大的单项成本，如没有增值税发票就不允许抵扣进项税额，这会大大增加房地产开发企业的税负，不利于行业健康发展。

为解决上述问题，政府规定土地成本可以抵减房屋销售收入。国家税务总局公告2016年第18号《国家税务总局关于发布〈房地产开发企业销售自行开发的房地产项目增值税征收管理暂行办法〉的公告》（以下简称"总局2016年第18号公告"）第四条规定："房地产开发企业中的一般纳税人（以下简称一般纳税人）销售自行开发的房地产项目，适用一般计税方法计税，按照取得的全部价款和价外费用，扣除当期销售房地产项目对应的土地价款后的余额计算销售额。销售额的计算公式如下：

"销售额＝（全部价款和价外费用－当期允许扣除的土地价款）÷（1+11%）。"（注：从2019年4月1日起，销售不动产的税率调整为9%。）

财税〔2016〕140号《财政部 国家税务总局关于明确金融 房地产开发 教育辅助服务等增值税政策的通知》（以下简称"财税2016年140号文"）对土地价款的扣除设置了三个条件，文件第八条规定："房地产开发企业（包括多个房地产开发企业组成的联合体）受让土地向政府部门支付土地价款后，设立项目公司对该受让土地进行开发，同时符合下列条件的，可由项目公司按规定扣除房地产开发企业向政府部门支付的土地价款。

"（一）房地产开发企业、项目公司、政府部门三方签订变更协议或补充合同，将土地受让人变更为项目公司；

"（二）政府部门出让土地的用途、规划等条件不变的情况下，签署变更协议或补充合同时，土地价款总额不变；

"（三）项目公司的全部股权由受让土地的房地产开发企业持有。"

对于"项目公司的全部股权由受让土地的房地产开发企业持有"，企业是项目开发全周期一直全部持有还是在签订土地出让补充合同时全部持有，不同税务机关有不同的理解，税收处理差异巨大。如果税务机关要求房地产开发企业全周期一直持有，那么房地产开发企业在项目公司及其上层公司不得设置股权合作，其股权结构需做多层设置，具体如图 3-4 所示。

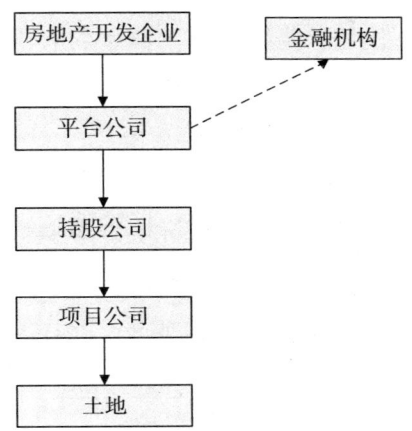

图 3-4 房地产项目多层股权架构

房地产开发企业预先成立一个全面持股的平台公司，由平台公司设立持股公司，再由持股公司报名参加土地竞拍，取得土地后由持股公司全资设立项目公司。在融资、引入合作方或进行其他股权操作时，项目公司股权在平台公司层面操作，保证项目公司股权从始至终由持股公司全面持有，从而严格满足财税 2016 年 140 号文的要求。

二、融资方面

房地产业作为资金密集型的行业，融资对企业的重要性不言而喻。房地产开发企业的融资，从资金进入的阶段来看，可以分为前前融（拿地阶段）、前融（有土地未开发阶段）、项目开发贷款（开发阶段）及经营性物业贷款（经营阶段）四个阶段；从融资形式上可以分为抵押融资、股权融资、信用融资等；根据资金来源的不同，可以分为银行融资、信托融资、基金融资、企业融资等。

除了银行融资、信托融资外，很多资金融入方采用有限合伙企业的方式进行融资。由资金融入方（房地产开发企业）成立有限合伙企业，融入方作为 GP，资金方作为 LP，提供大部分资金，占大部分股权。有限合伙企业将资金投入项目公司，占有项目公司股权，取得利润后，融入方按约定的分成比例支付资金方，最后，资金方退出合伙企业。这种操作方法就是利用合伙企业税收"透明体"的作用，降低税负。典型的有限合伙企业融资结构如图 3-5 所示。

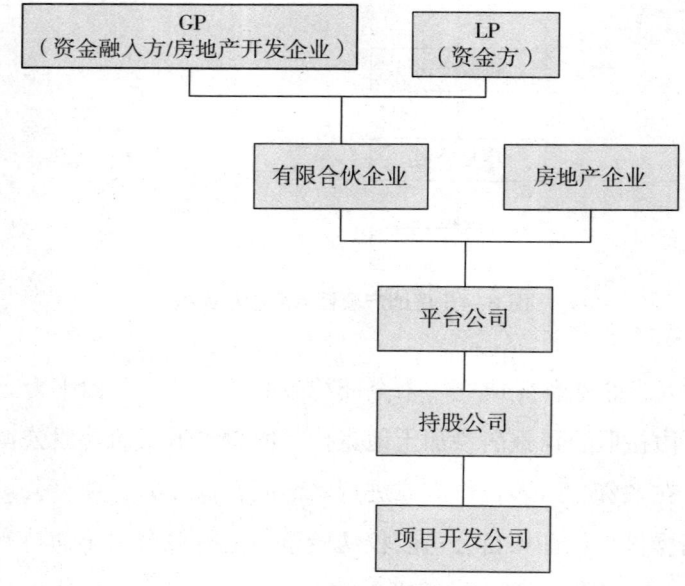

图 3-5　有限合伙企业融资结构

企业可以将有限合伙企业设立到税收洼地区域，享受当地对设立在辖区内的企业给予的税收优惠（如核定征收、财政返还）。

但从另一方面看，房地产开发企业取得土地正式开发后，在申报开发贷款时，以合伙企业形式进来的资金方很容易被银行识别为房地产开发企业的融资行为，与房地产开发企业拿地支出必须为自有资金的政策相冲突，造成开发阶段贷款机构审批困难。这也是企业在选择组织形式时需要重点考虑的情况。

第二节　公司股权设置实操指引

国家的税收征管基于商业交易，商业交易的安排影响企业的税负水平。因此，企业税收管理的首要课题是交易架构，而构建交易架构先要解决如何搭建股权架构的问题。

国家法律法规对不同组织形式的股权设置与表决权等重大事项有着不同的规定。股权设置既关系到企业的决策权，也关系到企业经营的税收操作，是企业税收管理的重难点。

一、股权设置的基本模式

股权是股东对企业财产的享有权与经营决策权的物化体现。股权设置首先应考虑股东投资目的的实现，其次应考虑股东收益的税收影响。不同组织形式适用于不同的投资目的。

1. 自然人直接投资模式

自然人直接投资有三种组织形式：一人有限责任公司（税收操作与有限责任公司一致）、个人独资企业和个体工商户。自然人直接投资模式下，企业直接由投资人拥有，股权架构简单。经营过程中，个人独资企业和个体工商户按照"个体工商户的生产经营所得"项目，适用 5%～35% 的五级超额累进税率计征；投资人退出转让股权时，个人独资企业和个体工商户按"财产转让所得"适用 20% 税率，股东退出的个人所得税规定明确清晰，交易的税收负担简单易算。

在国家"减税降费"等背景下，个体工商户可享受税收优惠政策。例如，国家税务总局公告 2021 年第 8 号《国家税务总局关于落实支持小型微利企业和个体工商户发展所得税优惠政策有关事项的公告》规定："对个体工商户经营所得年应纳税所得额不超过 100 万元的部分，在现行优惠政策基础上，再减半征收个人所得税。个体工商户不区分征收方式，均可享受。"

个人独资企业还可设立在税收洼地（如崇明产业园区），采用核定征收的方式，进一步降低个人所得税税负。

例 3-1：某投资人准备成立一家建筑设计企业，对外提供设计服务，预计年营业收入 600 万元，成本费用 300 万元，利润 300 万元。

如果企业形式为有限责任公司，那么其应缴纳的税费计算如下。

（1）增值税：$\dfrac{600}{1+6\%} \times 6\% - \dfrac{300}{1+6\%} \times 6\% = 16.98$（万元）（增值税税率为 6%）

（2）增值税附加：$16.98 \times（7\%+3\%+2\%）= 2.04$（万元）（城市维护建设税税率为 7%、教育费附加税率为 3%、地方教育费附加税率为 2%）

（3）企业所得税：$\left(\dfrac{600}{1+6\%} - \dfrac{300}{1+6\%} - 2.04\right) \times 25\% = 70.24$（万元）

（4）投资人分得税后利润缴纳个人所得税：$\left(\dfrac{600}{1+6\%} - \dfrac{300}{1+6\%} - 2.04 - 70.24\right) \times 20\% = 42.15$（万元）

（5）投资人最后分得利润：$\dfrac{600}{1+6\%} - \dfrac{300}{1+6\%} - 2.04 - 70.24 - 42.15 = 168.59$（万元）

如果企业形式为个人独资企业，那么其应缴纳的税费计算如下。

（1）增值税：$\dfrac{600}{1+6\%} \times 6\% - \dfrac{300}{1+6\%} \times 6\% = 16.98$（万元）（增值税税率为 6%）

（2）增值税附加：$16.98 \times（7\%+3\%+2\%）= 2.04$（万元）

（3）个人独资企业不缴纳企业所得税，个人独资企业利润"先分后税"按"个人生产经营所得"缴纳个人所得税：

生产经营所得 $= \dfrac{600}{1+6\%} - \dfrac{300}{1+6\%} - 2.04 = 280.98$（万元）

个人所得税 $= 280.98 \times 35\% - 6.55$（速算扣除数）$= 91.79$（万元）

（4）投资人最后分得利润 $= 280.98 - 91.79 = 189.19$（万元）

投资人以个人独资企业经营比以有限责任公司经营多分得利润 20.60 万元

（189.19-168.59），税负率从 21.90% 降为 18.47%。如果投资者将个人独资企业设立在税收洼地，享受核定征收的税收优惠，其税负将更低。

财税 2000 年 91 号文规定：

"第七条 下列情形之一的，主管税务机关应采取核定征收方式征收个人所得税：

"（一）企业依照国家有关法规应当设置但未设置账簿的；

"（二）企业虽设置账簿，但账目混乱或者成本资料、收入凭证、费用凭证残缺不全，难以查账的；

"（三）纳税人发生纳税义务，未按照规定的期限办理纳税申报，经税务机关责令限期申报，逾期仍不申报的。

"第八条 第七条所说核定征收方式，包括定额征收、核定应税所得率征收及其他合理的征收方式。

"第九条 实行核定应税所得率征收方式的，应纳所得税额的计算公式如下：

"应纳所得税额 = 应纳税所得额 × 适用税率

"应纳税所得额 = 收入总额 × 应税所得率

或 = 成本费用支出额 ÷（1-应税所得率）× 应税所得率。"

可见，税法规定可以对个人所得税进行核定征收。核定征收又分为"核定应税所得率"和"定率征收"等方式。

例 3-2：例 3-1 中的投资人将个人独资企业设立在某创投产业园，享受核定征收政策，应税所得率为 10%。

$$应纳税所得额 = \frac{600}{1+6\%} \times 10\% = 56.60（万元）$$

应纳个人所得税 = 56.60 × 35%-6.55（速算扣除数）= 13.26（万元）

按核定应税所得率方式，投资人只需缴纳 13.26 万元的个人所得税。

如果按"定率征收"方式，核定征收率为 0.8%，那么投资人应缴纳的个人所得税为 4.53 万元（$\frac{600}{1+6\%} \times 0.8\%$）。

投资人采用自然人直接投资模式，在退出时其投资收益按 20% 的税率缴纳个人所得税，退出的税收影响清晰明确；但此模式无法使用股权杠杆，投资人分回利润再投资要先缴个人所得税，不利于企业发展。此模式主要适用于创业期的企业创始人或纯粹的财务投资人。

2. 控股公司模式

控股公司模式主要适用于有多个业务板块的大中型房地产开发企业。房地产开发企业通常以开发业务为主，同时发展与开发业务匹配的物业管理、商业管理、产业运营、建设设计等业务，形成一个综合型的企业。

在股权结构上，通常由创始人及伙伴设立控股公司，控股公司下设多个业务板块的管理公司，各个管理公司下设多个经营实体公司。其股权架构如图 3-6 所示。

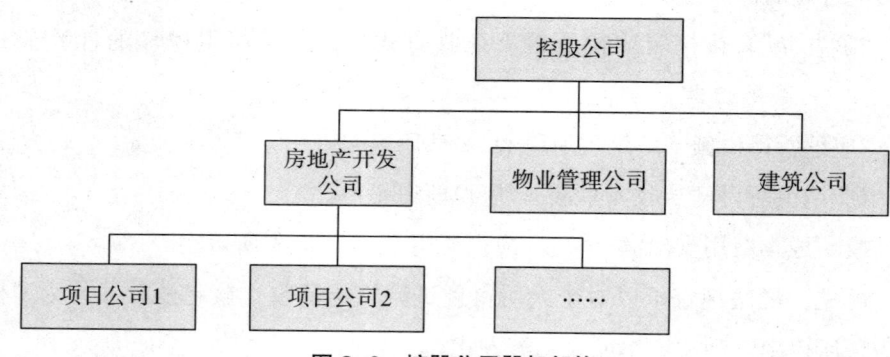

图 3-6　控股公司股权架构

控股公司模式中，各级公司均采用公司形式，实际控制人采用股权杠杆，以较小的投入控制较大的资产，有利于快速做大企业规模，实现规模化发展。

《中华人民共和国公司法》（以下简称《公司法》）第四十三条规定："股东会的议事方式和表决程序，除本法有规定的外，由公司章程规定。股东会会议作出修改公司章程、增加或者减少注册资本的决议，以及公司合并、分立、解散或者变更公司形式的决议，必须经代表三分之二以上表决权的股东通过。"

除《公司法》约定事项需经代表三分之二以上（占股份比例不低于 67%）

表决权的股东通过外，其他事项可由公司章程约定表决方式与程序。这就使得实际控制人不用 100% 持有企业股份就能实际控制企业，从而产生股权杠杆效应。

在税收处理上，控股公司从实体公司分得的利润不用再缴企业所得税，具有税收筹划效应。《企业所得税法》第二十六条规定："企业的下列收入为免税收入：……（二）符合条件的居民企业之间的股息、红利等权益性投资收益。"《企业所得税法实施条例》第八十三条规定："企业所得税法第二十六条第（二）项所称符合条件的居民企业之间的股息、红利等权益性投资收益，是指居民企业直接投资于其他居民企业取得的投资收益。"因此，居民企业之间的股权投资收益属于免税收入，不用缴纳企业所得税。

控股公司的股权架构有利于企业做大做强，增强企业的融资能力；同时，企业发展壮大后，需要引入职业经理人，企业可以将老员工划入控股公司，把实体公司的管理岗位空出来，引入职业经理人，以利于企业的人事管理。

当然，控股公司模式和自然人直接投资模式相比，法律规定更多，要求更严，形式不灵活；实际控制人退出的税负较重（实体公司缴纳企业所得税后，实际控制人退出时还需缴纳个人所得税）。对于财务投资人、员工持股平台，这种模式是不适用的。

3. 混合模式

混合模式是企业基于业务发展需要将上述两种模式混合使用，以满足不同目的的一种股权架构。

通常来说，在企业发展过程中，企业投资人需要平衡以下几种关系：

（1）创始人与创始人家族的关系；

（2）创始人与合作伙伴的关系；

（3）创始团队与公司老员工的关系；

（4）创始团队与职业经理人的关系；

（5）创始团队与战略合作者的关系。

为了平衡好上述关系，企业一般会设置混合股权架构，具体如图 3-7 所示。

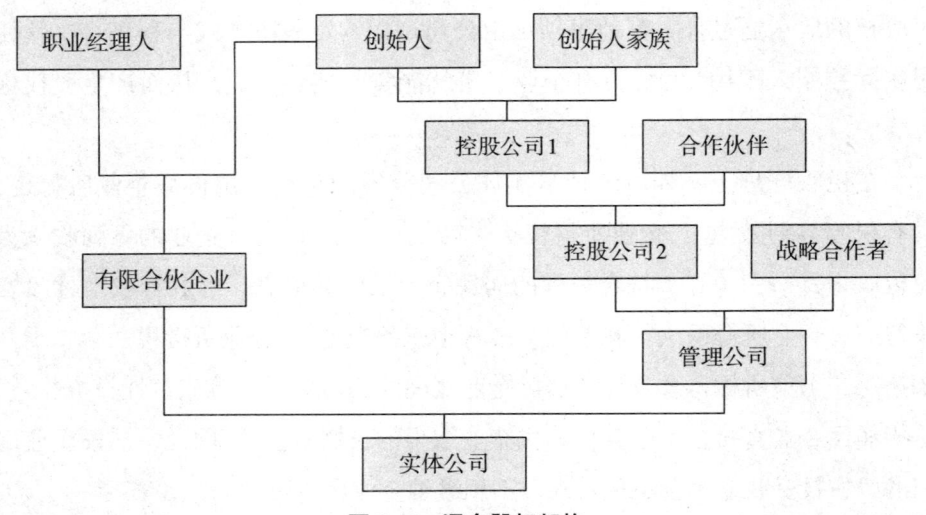

图 3-7　混合股权架构

　　混合模式的税收处理与自然人直接投资模式和控股公司模式一样，不再赘述。

　　混合模式很好地满足了各方的需求，创始人通过有限合伙企业持有实体公司部分股权，有利于退出。

二、股权比例的要求

　　房地产开发企业因资金密集、管理复杂度高，多采用有限责任公司的组织形式，部分企业采用股份有限公司的形式，国家多部法律法规对有限责任公司、股份有限公司的议事程序、表决权等做出了明确规定。企业在选择组织形式、设置股权架构时需对这些要求有清晰的了解。

1. 有限责任公司

　　《公司法》对有限责任公司股东持股比例的权利做出了具体规定，我们需要特别关注以下股权比例的要求。

　　（1）1%（适用于有限责任公司和股份有限公司）：持有 1% 以上股份的股东可在公司高管侵害公司利益时，请求监事会或监事向法院提起诉讼。

　　（2）10%：持有 10% 以上表决权的股东可以申请召开临时股东会；当公司运行陷入僵局时，持有 10% 以上表决权的股东可以向法院请求解散公司。

（3）20%：《企业会计准则第 2 号——长期股权投资》规定，投资方对联营企业和合营企业的长期股权投资，应当采用权益法核算。企业持有被投资企业 20% 以上股份的，应采用权益法核算长期股权投资。

（4）34% 和 67%：修改公司章程、增加或者减少注册资本、公司合并、分立、解散或者变更公司形式等七类事项，必须经代表三分之二以上表决权的股东通过。也就是说，持有 34% 及以上表决权的股东可以否决此七类事项的决议；而持有 67% 及以上表决权的股东可以决定所有公司决策事项。所以，67% 的股权比例是非常关键的红线。

（5）50%：股东向股东以外的人转让股权，应当经其他股东过半数同意。

（6）51%：除了上述（4）中提到的七类事项外，拥有 51% 表决权的股东可以决定公司决策事项。

2. 股份有限公司

与股份有限公司相关的规定如下。

（1）1%：上市公司任何一名激励对象通过股权激励计划获授的股份不得超过 1%；持有 1% 股份的股东可以提出独立董事人选。

（2）2%：上市公司大股东或特定股东减持公司股份，在任意连续 90 日内不得超过公司总股份的 2%。

（3）3%：持有 3% 以上股份的股东可以在股东大会提出临时提案。

（4）5%：持有上市公司 5% 以上股份的股东被认定为上市公司关联人，是证券交易内幕信息的知情人；增减 5% 上市公司股份时，应予以披露。

（5）10%：持有 10% 股份的股东，与有限责任公司的股东一样，可向法院申请解散公司。

（6）30%：持有上市公司股份达到 30% 以上的，继续增持股份只能通过要约方式。

其他比例的规定与有限责任公司的类似，不再一一列举。企业在搭建股权架构时，需以实现商业目的为基础，结合上述规定，合理、审慎地设置股权比例。

第三节　企业重组实操指引

　　根据企业生命周期理论，企业的生命可以划分为四个阶段：初创、成长、成熟和衰退。在不同的阶段，企业需采用不同的组织形式以满足生存与发展的需要，而公司重组是企业组织形式变化的主要途径。

　　企业重组是股东对企业资产、技术、管理等要素进行重新配置，构建新的生产经营模式，实现企业生存与发展的经营管理活动。企业重组是对企业资产、债务、管理结构等进行改组与整合的过程，它贯穿企业发展的各个阶段。

　　财税〔2009〕59号《财政部 国家税务总局关于企业重组业务企业所得税处理若干问题的通知》（以下简称"财税2009年59号文"）规定："本通知所称企业重组，是指企业在日常经营活动以外发生的法律结构或经济结构重大改变的交易，包括企业法律形式改变、债务重组、股权收购、资产收购、合并、分立等。"债务重组、股权收购和资产收购是房地产开发企业在土地二级市场拿地的主要方式，相关内容将在下一章详细讲解。本节主要从房地产开发企业组织形式变化角度讲解企业重组的实操应用。

一、普通重组税收实操

　　普通重组是指企业在发生重组交易时，对交易的资产或股权以交易价格确定其计税基础，并确认交易的所得或损失。普通重组是企业重组的一般情况，没有特殊要求。

　　财税2009年59号文规定，企业股权收购、资产收购重组交易，相关交易应按以下规定处理：

　　（1）被收购方应确认股权、资产转让所得或损失；

　　（2）收购方取得股权或资产的计税基础应以公允价值为基础确定；

　　（3）被收购企业的相关所得税事项原则上保持不变。

　　例3-3：川哲房地产公司（以下简称"川哲公司"）拥有两家项目公司，

即川达房地产公司（以下简称"川达公司"；川哲公司持有 100% 股权）和哲达房地产公司（以下简称"哲达公司"；川哲公司持有 60% 股权，资金方宁波成达有限合伙企业持有 40% 股权）。川哲公司经营战略从"区域拓展"调整为"区域深耕"，有意将其持有的哲达公司 60% 股权转让给川达公司，从而提升川达公司实力，实现战略目标。

哲达公司在交易日的资产负债表如图 3-8 所示。

资产负债表

单位：哲达公司　　　　　　　　　　　日期：2020-12-31　　　　　　　　　　　单位：元

资产	期末余额	年初余额	负债和所有者权益	期末余额	年初余额
流动资产：	—	—	**流动负债：**	—	—
货币资金	32 499 135.34	307 591.71	应付票据及应付账款	2 281 136.30	2 281 136.30
预付款项	2 520 355.56	2 155 555.56	预收款项	33 868 483.00	—
其他应收款项	205 600.00	50 000.00	应付职工薪酬	—	177 009.74
存货	532 996 116.42	261 533 962.02	应交税费		2 391.54
在建开发产品	532 996 116.42	261 533 962.02	其他应付款项	283 529 209.26	12 536 388.02
其他流动资产	155 510.75	147 202.53	**流动负债合计**	319 681 220.10	14 994 534.06
			非流动负债：		
			长期借款	200 000 000.00	200 000 000.00
流动资产合计	568 376 718.07	264 194 311.82	**非流动负债合计**	200 000 000.00	200 000 000.00
非流动资产：	—	—	**负债合计**	519 681 220.10	214 994 534.06
固定资产	150 000.00	170 000.00	**所有者权益：**	—	—
			实收资本	50 000 000.00	50 000 000.00
			资本公积	—	—
非流动资产合计	150 000.00	170 000.00	未分配利润	−1 154 502.03	−630 222.24
			所有者权益合计	48 845 497.97	49 369 777.76
资产总计	568 526 718.07	264 364 311.82	**负债和所有者权益总计**	568 526 718.07	264 364 311.82

图 3-8　哲达公司资产负债表

川哲公司以现金 3 000 万元持有哲达公司 60% 的股权，资金方宁波成达有限合伙企业向哲达公司借款 2.2 亿元（2 000 万元注册资本，2 亿元长期借款），持有哲达公司 40% 的股权。

川哲公司重组前股权架构如图 3-9 所示。

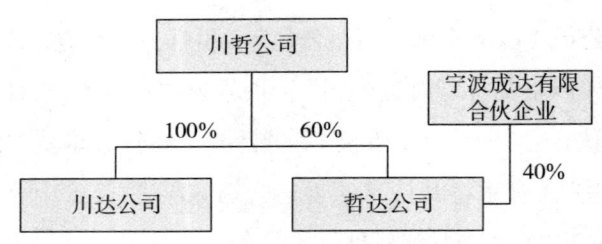

图 3-9　川哲公司重组前股权架构

川哲公司打算将其持有的哲达公司股权转让给川达公司，首先要对其股权估价。由会计恒等式"资产＝负债＋所有者权益"推得：

所有者权益＝资产－负债

因此，要对股权估价，必须对资产和负债分别估价。对房地产开发企业来说，其资产的主要组成部分是土地及在建工程，它们是资产价值变化的主要影响因素；其他资产占比较小，对股权价值影响较小。而负债是企业现时或未来的义务，对正常经营的企业而言，负债都是要偿还的，价值变动不大。

综上，对房地产开发企业股权估价的重点在于土地和在建工程。本例中，哲达公司期末存货账面价值约为 5.3 亿元，假设评估值增加 1 亿元，其他资产、负债价值不变，则股权价值增值 1 亿元，川哲公司持有的股权增值 6 000 万元（10 000 万元 ×60%）。此时，川达公司收购川哲公司持有的 60% 股权的交易对价为 9 000 万元（原始成本 3 000 万元＋股权增值 6 000 万元）。

税收处理分析：

1. 川哲公司（被收购方）

（1）企业所得税。

股权原始成本：3 000 万元；

股权交易对价：9 000 万元；

确认股权转让所得＝9 000-3 000＝6 000（万元）

应交企业所得税＝6 000×25%＝1 500（万元）

（2）增值税。

财税〔2016〕36 号《财政部 国家税务总局关于全面推开营业税改征增值税试点的通知》（以下简称"财税 2016 年 36 号文"）在附件 1 第一条规定：

"在中华人民共和国境内（以下简称境内）销售服务、无形资产或者不动产（以下简称应税行为）的单位和个人，为增值税纳税人，应当按照本办法缴纳增值税，不缴纳营业税。"

本例中，川哲公司将股权转让给川达公司，股权转让行为不缴纳增值税。

（3）土地增值税。

《土地增值税暂行条例》规定："转让国有土地使用权、地上的建筑物及其附着物（以下简称转让房地产）并取得收入的单位和个人，为土地增值税的纳税义务人（以下简称纳税人），应当依照本条例缴纳土地增值税。"

各地税务机关对股权转让涉及的土地交易是否交土地增值税要求不同。如渝地税发〔2016〕20号《重庆市地方税务局 贯彻重庆市人民政府办公厅关于落实涉企政策促进经济平稳发展意见的通知》规定："企业发生股权变动，未导致房地产权属转移，不征收土地增值税……"即，股权转让不征收土地增值税。

而湘地税财行便函〔2015〕3号《湖南省地税局财产和行为税处关于明确"以股权转让名义转让房地产"征收土地增值税的通知》规定："总局曾下发三个批复明确'以股权转让名义转让房地产'属于土地增值税应税行为。为了规范我省土地增值税管理，堵塞征管漏洞。对于控股股东以转让股权为名，实质转让房地产并取得了相应经济利益的，应比照国税函〔2000〕687号、国税函〔2009〕387号、国税函〔2011〕415号文件，依法缴纳土地增值税。"即，股权转让要征收土地增值税。

国税函〔2000〕687号《国家税务总局关于以转让股权名义转让房地产行为征收土地增值税问题的批复》（以下简称"国税函2000年687号文"）中指出："鉴于深圳市能源集团有限公司和深圳能源投资股份有限公司一次性共同转让深圳能源（钦州）实业有限公司100%的股权，且这些以股权形式表现的资产主要是土地使用权、地上建筑物及附着物，经研究，对此应按土地增值税的规定征税。"此文一出，房地产公司股权转让涉及的房地产是否缴纳土地增值税引起较大争议。

在实务中，为避免出现上述情形，在设计交易时，房地产开发企业多采用多次分段转让股权的方式规避。

本例中，川哲公司转让哲达公司股权的行为亦不符合国税函〔2000〕687号文件的要求，不缴纳土地增值税。

（4）契税。

财税〔2018〕17号《财政部 国家税务总局关于继续支持企业 事业单位改制重组有关契税政策的通知》规定："在股权（股份）转让中，单位、个人承受公司股权（股份），公司土地、房屋权属不发生转移，不征收契税。"

（5）印花税。

《中华人民共和国印花税暂行条例》规定，产权转移书据应按合同所载金额的万分之五贴花。

川哲公司应交印花税 =9 000（万元）× 0.5‰=45 000（元）

（6）税负。

川哲公司此笔交易对价为 9 000 万元，共计应交税额 1 504.50 万元，税负率为 16.72%（1 504.50 ÷ 9 000 × 100%）。

2. 川达公司（收购方）

川达公司作为收购方，除缴纳印花税 45 000 元外，不需要缴纳其他税费，其取得的哲达公司股权以 9 000 万元为计税成本入账即可。

交易完成后的股权架构如图 3-10 所示。

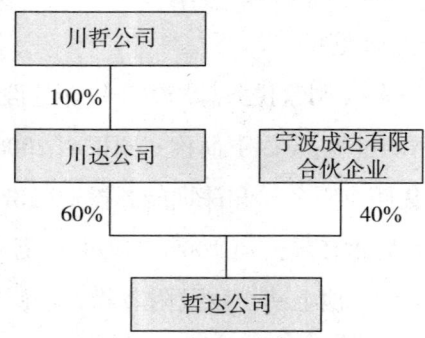

图 3-10　交易完成后的股权架构

二、特殊性税务重组税收实操

特殊性税务重组是相对普通重组而言的，又被称为免税重组，指企业重组交易发生时，在满足税法特定条件的情况下，对交易对价中股权支付部分，以企业资产、股权的原始成本为计税基础，暂不确认资产、股权转让所得和损失，将纳税义务递延至以后履行。特殊性税务重组具有税收递延效应，是企业内部组织形式变化主要采用的方法。

财税 2009 年 59 号文规定，企业重组同时符合下列条件的，适用特殊性税务处理规定：

（一）具有合理的商业目的，且不以减少、免除或者推迟缴纳税款为主要目的；

（二）被收购、合并或分立部分的资产或股权比例符合本通知规定的比例；

（三）企业重组后的连续 12 个月内不改变重组资产原来的实质性经营活动；

（四）重组交易对价中涉及股权支付金额符合本通知规定比例；

（五）企业重组中取得股权支付的原主要股东，在重组后连续 12 个月内，不得转让所取得的股权。

上述五个条件是判断企业重组能否进行免税重组的关键，下面分别说明。

1. 如何评价企业重组交易是否具有合理商业目的

国家税务总局公告 2015 年第 48 号《国家税务总局关于企业重组业务企业所得税征收管理若干问题的公告》（以下简称"总局 2015 年第 48 号公告"）提出应从以下五个方面来评价企业重组是否具有合理的商业目的。

（1）重组交易的方式，即债务重组、股权收购、资产收购、合并、分立等，不同的交易方式对应不同的当事人、不同的重组主导方，以及不同的企业重组日。重组交易是企业集团内部成员单位间交易，还是企业基于战略变化，对产业链上下游企业、新拓赛道的企业，或是扩大规模的同行业企业的重组等，不同的重组交易方式适用于不同的交易类型。

（2）重组交易的实质结果，即重组完成后，交易各方的经营目的是否实现，经营成果（财务及非财务成果）是否有所反映，重组目的是否实现。

（3）重组各方涉及的税务状况变化，即交易各方因重组交易产生的税收影响，按税收逐项分析。免税重组不是要求重组各方不能实现税收收益，而是要求重组目的不能是实现税收收益。重组应是基于企业经营的需要，不是为取得税收收益，这是判断重组是否具有合理商业目的的关键。

（4）重组各方涉及的财务状况变化，即重组交易成果在财务报表上的反映。会计报表是经营成果的财务体现。重组交易是基于税收收益还是基于经营策略，其所反映出的财务成果是不一样的。此条亦是判断重组是否具有合理商业目的的关键。

（5）非居民企业参与重组活动的情况，即是否有境外企业参与重组，是否存在跨境税收利益输送与安排。一般企业较少涉足。

2. 被收购、合并或分立部分的资产或股权比例应达到多少

对于股权收购、资产收购，财税 2009 年 59 号文要求被转让的股权或被收购的资产不低于转让企业全部股权或资产的 75%。财税〔2014〕109 号《财政部 国家税务总局关于促进企业重组有关企业所得税处理问题的通知》（以下简称"财税 2014 年 109 号文"）将此比例降低至 50%。

3. 重组交易对价中股权支付金额比例应达到多少

股权支付金额应不低于交易支付总额的 85%。对于非股权支付部分，仍需在交易当期确认交易所得或损失，计算公式如下：

$$非股权支付对应的资产转让所得或损失 = \frac{非股权支付金额}{被转让资产的公允价值} \times （被转让资产的公允价值 - 被转让资产的计税基础）$$

4. 如何确定"重组后的连续 12 个月内"的时间

国家税务总局公告 2010 年第 4 号《国家税务总局关于发布〈企业重组业务企业所得税管理办法〉的公告》（以下简称"总局 2010 年第 4 号公告"）规定："'企业重组后的连续 12 个月内'，是指自重组日起计算的连续 12 个月内。"

关于重组日如何确定，总局 2015 年第 48 号公告要求按以下规定处理。

（1）债务重组，以债务重组合同（协议）或法院裁定书生效日为重组日。

（2）股权收购，以转让合同（协议）生效且完成股权变更手续日为重组日。关联企业之间发生股权收购，转让合同（协议）生效后 12 个月内尚未完成股权变更手续的，应以转让合同（协议）生效日为重组日。

（3）资产收购，以转让合同（协议）生效且当事各方已进行会计处理的日期为重组日。

（4）合并，以合并合同（协议）生效、当事各方已进行会计处理且完成工商新设登记或变更登记日为重组日。按规定不需要办理工商新设登记或变更登记的合并，以合并合同（协议）生效且当事各方已进行会计处理的日期为重组日。

（5）分立，以分立合同（协议）生效、当事各方已进行会计处理且完成工商新设登记或变更登记日为重组日。

5. 原主要股东如何确定

总局 2010 年第 4 号公告规定：原主要股东是指原持有转让企业或被收购企业 20% 以上股权的股东。

企业重组达到免税重组的条件后，可按以下要求进行税务处理。

（1）股权收购中，被收购方股东取得的收购方股东支付的股权，以及收购方取得的被收购方股权，其计税基础应为被收购股权的计税基础。即，收并购双方均以被收购方股权的价值入账。

（2）资产收购中，资产转让方与资产收购方对资产计税基础的处理与股权收购一致。即，交易双方均以资产转让方的资产计税基础为准。

（3）企业合并与分立，其被合并或分立的资产、负债的计税基础为被合并方或被分立方的原有计税基础。

例 3-4：川哲公司将其持有的哲达公司股份转让给川达公司，相关数据同例 3-3。川达公司以其自身股权作为交易对价支付额支付给哲达公司的股东——川哲公司，从而实现对哲达公司的收购。

税收处理分析：

财税 2009 年 59 号文规定，股权支付是指企业重组中购买、换取资产的一方支付的对价中，以本企业或其控股企业的股权、股份作为支付的形式。即，股权支付可以本企业股权或以本企业控股的股权作为交易对价支付。

本例中，哲达公司股权价值 9 000 万元，川达公司以自身股权作为交易对价全额支付，相当于川达公司对哲达公司股东——川哲公司定向增发股份。此操作满足免税重组的条件。

因川达公司和哲达公司均为川哲公司所有，川达公司向川哲公司支付股份，只是增加了川哲公司在川达公司的股份金额，此部分股权的入账金额为 3 000 万元。

例 3-5：例 3-4 中，川达公司的支付金额由股权支付和现金支付组成，现金支付 3 600 万元，股权支付 5 400 万元。

税收处理分析：

本例中，交易对价支付中有非股权支付。非股权支付比例为 40%（3 600 ÷ 9 000 × 100%），未超过 50%，企业适用特殊性税收处理规定。

$$非股权支付部分的股权转让所得 = \frac{非股权支付金额}{被转让资产的公允价值} × （被转$$

$$让资产的公允价值 - 被转让资产的计税基础） = \frac{3\ 600}{9\ 000} × （9\ 000-3\ 000） =$$

2 400（万元）

应交企业所得税 = 2 400 × 25% = 600（万元）

川达公司对哲达公司股权的入账成本 = 现金支付 + 股权支付 = 3 600 + 3 000 × 60% = 5 400（万元）

集团公司 100% 直接控制多家子公司，在进行组织架构变动时，还可以采用股权划转的方式。

财税 2014 年 109 号文规定："对 100% 直接控制的居民企业之间，以及受同一或相同多家居民企业 100% 直接控制的居民企业之间按账面净值划转股权或资产，凡具有合理商业目的……，且划出方企业和划入方企业均未在会计上确认损益的，可以选择进行特殊性税务处理。"

国家税务总局公告 2015 年第 40 号《国家税务总局关于资产（股权）划转企业所得税征管问题的公告》对财税 2014 年 109 号文关于 100% 控制的情况进行了明确，限于以下情况。

第一种情况：母公司向子公司有偿划转资产或股权。

100% 直接控制的母子公司之间，母公司向子公司按账面净值划转其持有的股权或资产，母公司获得子公司 100% 的股权支付。母公司获得子公司股权的计税基础以划转股权或资产的原计税基础确定。

第二种情况：母公司向子公司无偿划转资产或股权。

100% 直接控制的母子公司之间，母公司向子公司按账面净值划转其持有的股权或资产，母公司没有获得任何股权或非股权支付。母公司按冲减实收资本（包括资本公积，下同）处理，子公司按接受投资处理。

第三种情况：子公司向母公司无偿划转资产或股权。

100% 直接控制的母子公司之间，子公司向母公司按账面净值划转其持有的股权或资产，子公司没有获得任何股权或非股权支付。母公司按收回投资处理，或按接受投资处理，子公司按冲减实收资本处理。母公司应按被划转股权或资产的原计税基础，相应调减持有子公司股权的计税基础。

第四种情况：受同一或相同多家母公司 100% 控制的子公司间无偿划转资产或股权。

受同一或相同多家母公司 100% 直接控制的子公司之间，在母公司主导下，一家子公司向另一家子公司按账面净值划转其持有的股权或资产，划出方没有获得任何股权或非股权支付。划出方按冲减所有者权益处理，划入方按接受投资处理。

根据国发〔2014〕14 号《国务院关于进一步优化企业兼并重组市场环境的意见》的精神，兼并重组是企业加强资源整合、实现快速发展、提高竞争力的有效措施，是化解产能严重过剩矛盾、调整优化产业结构、提高发展质量效益的重要途径。企业应根据自身战略需要，灵活设置股权架构，以免税重组作为主要方式变动组织形式与架构，实现经营目标。

第四章

土地获取阶段的税收实操指引

土地获取是房地产开发的第一步。在不同的土地获取方式下，房地产的运作主体和土地交易方式有所不同。运作主体既是经营管理的主体，又是税收管理的主体；土地交易方式影响房地产开发企业同土地转让方的利益分割及税收处理。

本章主要涉及的知识点有：

- 房地产主要拿地方式的税收实操；
- 房地产轻资产运营模式。

第一节　土地获取阶段税收管理概述

我国土地市场分为一级市场和二级市场两个市场。一级市场是指地方政府出让土地的市场；二级市场是指企业之间进行土地交易的市场，包括企业将非住宅土地变性后转让的情况。

《城市房地产管理法》规定，土地使用权出让是指国家将国有土地使用权（以下简称土地使用权）在一定年限内出让给土地使用者，由土地使用者向国家支付土地使用权出让金的行为。一级市场是政府作为国有土地的代表人对国有土地使用权进行出让，体现的是政府和土地使用者的行为。

房地产转让是指房地产权利人通过买卖、赠与或者其他合法方式将其房地产转移给他人的行为。二级市场的交易对象不仅是土地，还可以是在建工程、房地产成品，体现的是土地使用者之间的行为。

因此，房地产开发企业获取土地的基本方式也有两种：在一级市场上参加政府组织的土地集中出让，通过"招拍挂"方式获取土地；在二级市场与其他土地方洽谈，通过资产收购、股权收购等方式取得土地。

在税收管理上，房地产开发企业也基于上述两种拿地方式将税收管理划分为一般管理和特别管理。

由于一级市场的土地交易过程公开透明，各类交易文件、票据齐备完整，因而，一级市场拿地的税收管理相对简单明了。拿地阶段的税收处理重在按交易合同和当地税收政策及时完整地缴纳契税、城镇土地使用税、印花税，同时做好土地台账登记，为以后项目的企业所得税和土地增值税清算做好准备。

二级市场的交易类型多种多样，交易过程不透明，交易各方的利益诉求各不相同，是拿地阶段税收管理的重点，房地产开发企业需要特别关注。二级市场的拿地方式主要有以下六种：资产收购、股权收购、合作开发、代建、土地整理、旧城改造等。在税收管理上，房地产开发企业需特别关注拿地环节的税收负担和开发环节税收负担的平衡、交易架构与交易各方税负分析、交易各方主要税种分析，以及税收与融资、交易目的的结合。

一级市场拿地的税收实操相对简单，本章不做讲解。本章主要讲解二级市场拿地的税收实操相关知识。

第二节　资产收购的实操指引

资产收购是指房地产开发企业购买另一家企业的土地或在建工程等经营性资产的行为。

《城市房地产管理法》第三十九条规定，企业通过"招拍挂"方式获取的土地再转让时，需按照出让合同约定进行投资开发，属于房屋建设工程的，完成开发投资总额的百分之二十五以上，属于成片开发土地的，形成工业用地或者其他建设用地条件。

为了防止企业囤积、倒卖土地，造成土地闲置及土地价格恶性上涨，我国出台了《城市房地产管理法》，要求企业对土地进行开发后才能转让。房地产项目在开工建设前需要取得不动产权证、固定资产投资备案表、建设用地规划许可证、建设工程规划许可证和建设工程施工许可证等证照，这些证照确定了项目总投资额、用地面积、总建筑面积、楼栋数量、建筑层数、监理单位、施工单位等项目开发的关键指标。也就是说，项目一旦动工建设，项目定位、布局、规模就全部确定了。而不同的房地产开发企业对土地产品属性的判断是不同的。对于已动工的项目，房地产开发企业的产品改善空间小，项目运营可发挥的作用小，因此通过收购在建工程来获取项目的情况在实务中是较少发生的。房地产开发企业在资产收购中会采用一些变通方式来实现经营目的。

从税收角度来看，收购方向被收购方支付交易价款，需要缴纳契税和交易合同的印花税；而被收购方出售资产，取得价款，涉及增值税及附加、土地增值税、企业所得税（或个人所得税）及印花税。

一、土地作价入股的税收实操

例4-1：川哲公司执行"区域深耕"战略，在其进入的城市深入拓展。2021年4月30日，川哲公司与绵泰公司达成合作协议，收购绵泰公司拥有的一块商住用地。该土地由绵泰公司在2016年2月15日在一级市场取得，土地价款为4亿元，绵泰公司已支付50%的土地款，后期因政府规划变动，项目一直未开发，剩余土地款亦未支付。绵泰公司为一家持续经营的当地房地产开发企业，其名下尚有多个楼盘处于清算阶段。绵泰公司基于房地产市场变化，准备退出房地产开发市场，故将本地块转让给川哲公司，转让价为8亿元，交易税费由交易双方各自承担。

分析：绵泰公司土地款未付清，不动产权证未办理，不具备交易基础。因此，川哲公司与绵泰公司达成协议：由绵泰公司负责与地方政府就规划条件达成一致，保证项目可开发；由川哲公司负责支付剩余土地款，并将不动产权证办理到绵泰公司名下。为保证川哲公司资金安全，绵泰公司给川哲公司提供足额资产抵押担保。绵泰公司取得土地后，以土地作价投资成立新公司，经主管税务机关认可的评估价格为6亿元。

绵泰公司的税收处理如下。

1. 作价投资阶段

（1）增值税及附加税费。

以土地投资设立新公司，相当于转让土地给新公司并取得新公司股权。

国家税务总局公告2016年第14号《国家税务总局关于发布〈纳税人转让不动产增值税征收管理暂行办法〉的公告》（以下简称"总局2016年第14号公告"）规定："一般纳税人转让其2016年5月1日后取得（不含自建）的不动产，适用一般计税方法，以取得的全部价款和价外费用为销售额计算应纳税额。纳税人应以取得的全部价款和价外费用扣除不动产购置原价或者取得不动产时的作价后的余额，按照5%的预征率向不动产所在地主管地税机关预缴税款，向机构所在地主管国税机关申报纳税。"

$$土地作价应预缴增值税 = \frac{作价评估金额 - 原始成本}{1 + 增值税税率} \times 预征率 =$$

$$\frac{60\,000 - 40\,000}{1 + 9\%} \times 5\% = 917.43（万元）$$

土地作价应交税金及附加 = 预缴增值税 ×（城市维护建设税 + 教育费附加 + 地方教育费附加）= 917.43 ×（7% + 3% + 2%）= 110.09（万元）

（2）土地增值税。

财税〔2006〕21号《财政部 国家税务总局关于土地增值税若干问题的通知》（以下简称"财税2016年21号文"）第五条规定："对于以土地（房地产）作价入股进行投资或联营的，凡所投资、联营的企业从事房地产开发的，或者房地产开发企业以其建造的商品房进行投资和联营的，均不适用《财政部 国家税务总局关于土地增值税一些具体问题规定的通知》（财税字〔1995〕048号）第一条暂免征收土地增值税的规定。"本例中，绵泰公司为房地产开发企业，其以土地作价入股，应缴纳土地增值税。

国家税务总局公告2016年第70号《国家税务总局关于营改增后土地增值税若干征管规定的公告》（以下简称"总局2016年第70号公告"）规定："营改增后，纳税人转让房地产的土地增值税应税收入不含增值税。适用增值税一般计税方法的纳税人，其转让房地产的土地增值税应税收入不含增值税销项税额。"本例中，绵泰公司为一般纳税人，对此笔交易采用一般计税方法。

$$不含税销售额 = \frac{60\,000}{1 + 9\%} = 55\,045.87（万元）$$

$$增值额 = 55\,045.87 - \frac{40\,000}{1 + 9\%} = 55\,045.87 - 36\,697.25 = 18\,348.62（万元）$$

$$增值率 = \frac{18\,348.62}{36\,697.25} \times 100\% = 50\%$$

土地增值税税额 = 18\,348.62 × 30% = 5\,504.59（万元）

（3）印花税。

绵泰公司以土地对新公司投资，不动产权证书需到国土部门办理变更，投资协议属于产权转移书据，绵泰公司和新设公司均应就该协议按"产权转移书据"进行贴花，税率为万分之五，计税依据为土地出资金额。

印花税税额 = 60 000 × 0.05% = 30（万元）

（4）企业所得税。

绵泰公司以土地使用权对外投资，应确认资产转让所得，计算缴纳企业所得税。

应纳税所得额 = 不含税销售额 – 土地原始不含税成本 – 税金及附加 – 土地增值税 – 印花税 = 55 045.87–36 697.25–110.09–5 504.59–30 = 12 703.94（万元）

应交企业所得税税额 = 12 703.94 × 25% = 3 175.99（万元）

绵泰公司在作价投资环节共缴税 9 738.10 万元，税负率为 16.23%。

绵泰公司将土地投资到新设公司，新设公司不需缴纳契税。财税〔2015〕37 号《财政部 国家税务总局关于进一步支持企业事业单位改制重组有关契税政策的通知》规定："同一投资主体内部所属企业之间土地、房屋权属的划转，包括母公司与其全资子公司之间，同一公司所属全资子公司之间，同一自然人与其设立的个人独资企业、一人有限公司之间土地、房屋权属的划转，免征契税。"

2.股权转让环节

绵泰公司将土地投资到新设公司后，按其与川哲公司签订的投资合作协议，应将其在新设公司的股权转让给川哲公司，同时川哲公司应支付交易对价 6 亿元（8-2）。

（1）增值税。

财税 2016 年 36 号文规定，销售有价证券的金融服务需缴纳增值税。而非上市公司的股权不属于有价证券，其交易行为不属于增值税征税范围，不缴纳增值税。

（2）土地增值税。

《土地增值税暂行条例》第二条规定："转让国有土地使用权、地上的建筑物及其附着物（以下简称转让房地产）并取得收入的单位和个人，为土地增值税的纳税义务人（以下简称纳税人），应当依照本条例缴纳土地增值税。"

企业股权转让不涉及土地转让，不缴纳土地增值税。

但国税函 2000 年 687 号文中回复称："《关于以转让股权名义转让房地产行为征收土地增值税问题的请示》（桂地税报〔2000〕32 号）收悉。鉴于深圳市能源集团有限公司和深圳能源投资股份有限公司一次性共同转让深圳能源（钦州）实业有限公司 100% 的股权，且这些以股权形式表现的资产主要是土地使用权、地上建筑物及附着物，经研究，对此应按土地增值税的规定征税。"鉴于国家税务总局对桂林税务局的回函精神，对于以 100% 股权转让的方式转让土地的行为可能会被认定需缴纳土地增值税。对此类交易是否缴纳土地增值税，各地税务机关执行标准不一样，需结合当地实际情况进行税收操作。

（3）印花税。

股权转让需按"产权转移书据"进行贴花，税率为万分之五，计税依据为股权转让金额。

印花税税额 = 80 000 × 0.05% = 40（万元）

（4）企业所得税。

绵泰公司转让新设公司股权，应确认股权转让所得，计算缴纳企业所得税。

应纳税所得额 = 股权转让金额 − 股权成本 − 印花税 = 80 000−60 000−40 = 19 960（万元）

应交企业所得税 = 19 960 × 25% = 4 990（万元）

股权转让环节，绵泰公司共缴税 5 030 万元，税负率为 6.29%。

至此，绵泰公司与川哲公司的交易全部完成，绵泰公司收取土地转让款 80 000 万元，土地溢价 40 000 万元，支付税费 14 768.10 万元，实际收益 25 231.90 万元。

川哲公司的税收处理如下。

（1）土地作价环节，川哲公司借款给绵泰公司用于支付剩余土地款，不涉及税收处理。

（2）股权转让环节，川哲公司支付股权转让款，只需就股权转让合同缴纳印花税 40 万元。

二、在建工程转让的税收实操

例 4-2：绵泰公司在城市核心区开发了一栋办公楼，项目总投资额为 6 亿元，已投入资金 3.1 亿元。其中，土地款 2 亿元，工程款 1.09 亿元，管理费用 100 万元。因公司资金紧张，项目融资的 2 亿元无法按期偿还本息，欲转让此项目。川哲公司基于对商业办公市场的持续看好，与绵泰公司达成协议，以 5 亿元收购此项目。

分析：土地转让需完成开发投资总额的百分之二十五以上，因此，土地开发为在建工程再转让的前提条件是转让方是否已完成投资总额的百分之二十五。那么，什么是项目投资总额，如何计算项目投资总额呢？

项目投资总额是指项目从筹建开始到项目全部建成投产为止，全过程所发生的费用的总和。房地产开发项目的投资总额就是开发项目从获取土地开始到开发项目全部建成并交付清算所发生的成本、费用、税金等支出的总和。

房地产项目的投资总额一般包括以下十项。

（1）土地成本：房地产开发企业为取得土地所花费的成本，主要包括土地出让金、用地指标费、土地征用费、耕地占用费、安置费、拆迁补偿费和其他与土地有关的费用（如取得土地使用证的契税、交易手续费等）。

（2）前期工程费：房地产开发企业取得土地后，为取得项目开发、销售所需的各类证照而进行规划设计等项目开发前期发生的各类费用。前期工程费主要包括报批报建费、规划设计费、勘测丈量费、"三通一平"费、临时设施费及其他鉴定咨询费用等。

（3）基础设施费：房地产开发企业修建土地规划红线内项目配套设施发生的建设费用，包括修建道路、供电、供水、供气、供热、排污、排洪、通信、照明、绿化等设施发生的费用。

（4）建筑安装工程费：房地产开发企业建设项目主体发生的支出，是列入施工图预算的各项费用，是房地产成本构成的主要要素之一。

（5）公共配套设施费：房地产开发企业根据有关法规建设的，产权及其收益权不属于开发商的，开发商不能有偿转让也不能转作自留固定资产的公共配套设施支出，如为小区配套建设的学校、幼儿园、运动场所和游乐设施等。

（6）开发间接费：房地产开发企业中直接参与项目建设的项目部成员的人工成本和为项目的正常开发经营而发生的各类间接费用。

（7）管理费用：房地产开发企业经营管理部门发生的费用支出，主要包括董事会和行政管理部门在企业的经营管理中发生的职工薪酬和福利费、业务招待费、物料消耗、低值易耗品摊销、办公费、差旅费、工会费、董事会费、聘请中介机构费、诉讼费、折旧费、修理费、水电费、办公租赁费、房产税等。

（8）销售费用：房地产开发企业在销售商品房的过程中所发生的费用支出，主要包括营销人员的薪酬，营销部、销售中心、签约中心的折旧费、修理费、办公费、水电费，以及销售佣金、广告策划费、销售推广费、客户服务费等。

（9）财务费用：房地产开发企业筹措资金发生的费用，主要包括银行手续费、未资本化的融资费用、未资本化的利息支出等。

（10）经营税金：主要包括增值税及附加、城镇土地使用税、印花税等，不包括企业所得税。

由于土地成本在项目总投资额中占比较大，在实务中，政府为了控制地皮炒卖，在确定转让方项目投入的比例时，按不含土地成本的建设支出总额除以不含土地成本的总投资额的比例计算确定。

本例中，绵泰公司的已投资比例计算如下。

$$已投资比例 = \frac{10\,900 + 100}{60\,000 - 20\,000} \times 100\% = 27.5\% > 25\%，符合政策要求。$$

绵泰公司的税收处理如下。

1. 增值税及附加税费

绵泰公司转让在建工程，应以取得的全部价款和价外费用（5亿元）扣除不动产购置原价（3.1亿元），按照5%的预征率向不动产所在地主管税务机关预缴税款，向机构所在地主管税务机关申报纳税。

$$预缴增值税 = \frac{50\ 000 - 31\ 000}{1 + 9\%} \times 5\% = 871.56（万元）$$

应交税金及附加 = 预缴增值税 ×（城市维护建设税 + 教育费附加 + 地方教育费附加）= 871.56 ×（7% + 3% + 2%）= 104.59（万元）

2. 土地增值税

绵泰公司转让在建工程，应缴纳土地增值税。土地增值税的计算步骤如下。

（1）转让房地产取得的收入为 47 522.94 万元。

① 绵泰公司转让在建工程的对价为 5 亿元，不含税收入为 45 871.56 万元（ $\frac{50\ 000}{1+9\%}$ ）。

② "营改增"后，土地成本可抵减销售收入，故在计算土地增值税时土地成本应为不含税成本。为了保证计算的准确性，我们将土地成本抵减的销项税额加回收入。本例中，土地成本抵减的销项税额为：

$$抵减的销项税额 = \frac{20\ 000}{1 + 9\%} \times 9\% = 1\ 651.38（万元）$$

（2）允许扣除的项目总额为 39 104.59 万元。

允许扣除的项目包括以下几项。

① 取得土地使用权所支付的金额 20 000 万元。

② 房地产开发成本 10 000 万元（ $\frac{10\ 900}{1+9\%}$ ）。

③ 房地产开发费用在本例中按第①、②项金额之和的 10% 计算，金额为 3 000 万元。

④ 与转让房地产有关的税金，本例中为附加税 104.59 万元。

⑤ 其他扣除项目是指房地产开发企业可按第①、②项金额之和的 20% 加计扣除，金额为 6 000 万元。

（3）增值额为转让房地产取得的收入与允许扣除项目金额之差，金额为

8 418.35 万元。

（4）增值率为增值额与允许扣除项目之比，为 21.53%。

（5）应交土地增值税为增值额与相应税率之积。

土地增值税实行四级超率累进税率。《土地增值税暂行条例》第七条规定：增值额未超过扣除项目金额 50% 的部分，税率为 30%；增值额超过扣除项目金额 50%、未超过扣除项目金额 100% 的部分，税率为 40%；增值额超过扣除项目金额 100%、未超过扣除项目金额 200% 的部分，税率为 50%；增值额超过扣除项目金额 200% 的部分，税率为 60%。

本例中，增值率为 21.53%，对应税率为 30%，则绵泰公司应交土地增值税 2 525.51 万元。

3. 印花税

在建工程转让需按"产权转移书据"进行贴花，税率为万分之五，计税依据为在建工程转让金额。

印花税税额 = 50 000 × 0.05% = 25（万元）

4. 企业所得税

绵泰公司转让在建工程，应确认资产转让所得，计算缴纳企业所得税。

应纳税所得额 = 在建工程转让金额 − 土地成本 − 工程成本 − 管理费用 −

附加税费 − 土地增值税 − 印花税 =$45\,871.56 - \dfrac{20\,000}{1+9\%} - \dfrac{10\,900}{1+9\%} - 100 - 104.59 -$

$2\,525.51 - 25 = 14\,767.84$（万元）

应交企业所得税 = 14 767.84 × 25% = 3 691.96（万元）

绵泰公司共缴税 7 218.62 万元，税负率为 14.44%。

川哲公司的税收处理如下。

1. 印花税

川哲公司收购绵泰公司的在建办公楼，需按"产权转移书据"缴纳印花税 40 万元。

2. 契税

土地及在建工程转让，还需缴纳契税。财税〔2016〕43 号《财政部　国家税务总局关于营改增后契税 房产税 土地增值税 个人所得税计税依据问题的通知》（以下简称"财税 2016 年 43 号文"）规定："计征契税的成交价格不含增值税。"

$$应交契税 = \frac{50\ 000}{1 + 9\%} \times 3\% = 1\ 376.15（万元）$$

第三节 拆迁拿地的实操指引

《城市房地产管理法》第六条规定："为了公共利益的需要，国家可以征收国有土地上单位和个人的房屋，并依法给予拆迁补偿，维护被征收人的合法权益；征收个人住宅的，还应当保障被征收人的居住条件……"。

《国有土地上房屋征收与补偿条例》第八条规定："为了保障国家安全、促进国民经济和社会发展等公共利益的需要……由市、县级人民政府作出房屋征收决定。"第九条规定："确需征收房屋的各项建设活动，应当符合国民经济和社会发展规划、土地利用总体规划、城乡规划和专项规划。"

一方面，地方政府根据用地规划对需征收的房屋依法拆迁安置，过程中需要投入大量资金，对地方财力形成较大负担；另一方面，房地产开发企业为增加土地获取渠道也愿意投入资金参与土地征用拆迁工作。

房地产开发企业参与拆迁工作，首先，应向政府拆迁主管部门申办房屋拆迁许可证；其次，政府拆迁主管部门在发放房屋拆迁许可证后，应发布拆迁公告，并对房屋进行评估，与被拆迁人协商达成拆迁补偿协议；最后，政府拆迁主管部门对拆迁补偿结果予以公示。拆迁安置由政府主导，房地产开发企业提供资金与协助。

拆迁拿地的税收实操重点在于拆迁成本和拆迁补偿的涉税处理。

一、拆迁成本的税收实操

例 4-3：汇元公司是一家工业企业，早年通过政府出让，在城市发展核心区域取得一块 100 亩（1 亩 ≈666.67 平方米，其余不再标注）工业用地，花费

1 500万元。汇元公司在土地上建设了厂房、办公楼，用于生产经营。根据城市发展规划，汇元公司所在地块控制性详细规划已变为商住用地，汇元公司已取得政府同意，可自主进行土地变性（土地性质从工业用地变更为商住用地），土地变性手续已基本完成，近期将正式挂牌。

川哲公司与汇元公司达成一致，由川哲公司负责补缴土地出让金，汇元公司将土地转让给川哲公司。川哲公司与汇元公司签署了不动产转让协议，川哲公司支付6 000万元（评估报告中土地价格为5 000万元，厂房及办公楼等地面建筑物价格为1 000万元），取得汇元公司的厂房、办公楼及工业用地100亩。土地使用权转让后，川哲公司完成了土地变性手续，将工业用地变为商住用地，补缴土地出让金40 000万元，拆除厂房、办公楼花费300万元。川哲公司可计入土地增值税的土地成本应是多少万元？

分析：川哲公司收购汇元公司工业性质土地，补缴土地出让金40 000万元，取得财政部监制的"省政府非税收入一般缴款书"，可计入土地成本。

川哲公司按土地评估价格支付的5 000万元，在汇元公司缴纳土地转让相关税费，取得主管税务机关代开的土地转让增值税发票后，可计入土地成本。

根据《土地增值税暂行条例实施细则》第七条第二款规定："土地征用及拆迁补偿费，包括……有关地上、地下附着物拆迁补偿的净支出……"，即建筑物拆除费用作为土地增值税的扣除项目，应计入"前期工程费"。本例中，川哲公司拆除厂房、办公楼支付的建筑物拆除费用300万元应计入"前期工程费"扣除。

川哲公司和汇元公司签订不动产转让协议，其取得的厂房、办公楼，在取得汇元公司开具的增值税发票后，应列入"固定资产"账户核算。拆除厂房、办公楼的损失1 000万元应作为固定资产清理损失，在"营业外支出"账户列支，不能计入土地成本。

因此，本例中可计入土地成本的金额为45 000万元（补缴土地出让金40 000万元＋土地转让款5 000万元），拆除费用300万元可作为土地增值税的扣除项目，厂房、建筑物的转让款1 000万元只能作为营业外支出在企业所得税中扣除。

上述操作对川哲公司的税收处理不利，因为川哲公司购买汇元公司的厂房、办公楼的目的是获取土地，但其成本 1 000 万元却未计入土地增值税的扣除项目，导致土地增值税扣除项目减少 1 300 万元（1 000 万元 + 1 000 万元 × 10% + 1 000 万元 × 20%）。之所以会这样，是因为川哲公司与汇元公司签订的不动产转让协议的内容是转让土地及其地上建筑物，因此，转让价款 6 000 万元被划分为土地转让款 5 000 万元和地上建筑物价款 1 000 万元。

若换一种操作手法，川哲公司与汇元公司仍签订不动产转让协议，约定土地转让款为 5 000 万元，地上建筑物由川哲公司负责拆除，所造成的损失由川哲公司补偿汇元公司，补偿款为 1 000 万元。根据《土地增值税暂行条例实施细则》关于土地征用及拆迁补偿费的相关规定，川哲公司支付的补偿款 1 000 万元可计入房屋开发成本。这样川哲公司仍然支付 6 000 万元，但所支付的款项均可作为土地增值税的扣除项目。

二、货币性补偿的税收实操

货币性补偿是指拆迁人和被拆迁人协商一致，在拆迁补偿中，被拆迁人放弃产权，拆迁人以市场评估价对被拆迁人进行货币形式的补偿。

房地产开发企业作为拆迁人支付补偿款不涉及税收缴纳，只需注意支付的拆迁补偿在成本中列支所需的资料是否齐备完整。

房地产开发企业在进行拆迁补偿时，应取得以下关键资料作为入账依据：

（1）县级以上地方政府发布的拆迁公告；

（2）政府颁发的房屋拆迁许可证；

（3）房地产开发企业与被拆迁人签字盖章的拆迁补偿协议；

（4）房地产开发企业支付补偿款的凭据；

（5）被拆迁人领取拆迁补偿款并签字的凭据；

（6）被拆迁人身份证复印件或被拆迁单位的营业执照等相关资料。

被拆迁人因取得拆迁补偿收入，存在税收处理问题的，下面详细讲解。

1. 政策性拆迁与商业性拆迁的区分

根据国家税务总局公告 2012 年第 40 号《国家税务总局关于发布〈企业

政策性搬迁所得税管理办法〉的公告》（以下简称"总局 2012 年第 40 号公告"）规定，企业政策性搬迁，是指由于社会公共利益的需要，在政府主导下企业进行整体搬迁或部分搬迁。企业由于下列需要之一，提供相关文件证明资料的，属于政策性搬迁：

（1）国防和外交的需要；

（2）由政府组织实施的能源、交通、水利等基础设施的需要；

（3）由政府组织实施的科技、教育、文化、卫生、体育、环境和资源保护、防灾减灾、文物保护、社会福利、市政公用等公共事业的需要；

（4）由政府组织实施的保障性安居工程建设的需要；

（5）由政府依照《中华人民共和国城乡规划法》有关规定组织实施的对危房集中、基础设施落后等地段进行旧城区改建的需要；

（6）法律、行政法规规定的其他公共利益的需要。

属于以上情形的拆迁应归类为政策性拆迁，可享受政策性拆迁的优惠税收政策。

企业与企业之间、企业与个人之间以市场行为对土地使用权及相关资产进行处置的行为，属于非政策性拆迁，应按正常资产处置进行税收处理。

2. 被拆迁人收到拆迁补偿款是否缴纳增值税

（1）被拆迁人取得的土地使用权补偿收入的增值税处理。

财税 2016 年 36 号文附件 3 第一条第三十七款规定：土地所有者出让土地使用权和土地使用者将土地使用权归还给土地所有者，免征增值税。

如前所述，我国拆迁工作由政府主导，房地产开发企业作为拆迁主体只是参与拆迁工作，拆迁完成后，土地收归国有，房地产开发企业参与土地拆迁工作可以取得相应的收益。

因此，属于政策性拆迁的，被拆迁人收到的拆迁补偿款免征增值税。

对于通过市场转让的土地使用权及土地的建筑物等非政策性拆迁，取得的收入应该按照"转让土地使用权"或"销售不动产"缴纳增值税。

（2）被拆迁人取得的处置地上建筑物收入的增值税处理。

根据财税 2016 年 36 号文附件 2 的规定处理：如果地上建筑是 2016 年 4 月

30 日前取得的，那么可选择简易计税法；如果其为 2016 年 5 月 1 日后取得的，那么应选择一般计税法。

（3）被拆迁人取得的处置机器设备等收入的增值税处理。

根据财税〔2008〕170 号《财政部 国家税务总局关于全国实施增值税转型改革若干问题的通知》及财税〔2014〕57 号《财政部 国家税务总局关于简并增值税征收率政策的通知》相关规定，被拆迁人销售自己使用过的 2009 年 1 月 1 日以后购进或者自制的固定资产，按照适用税率缴纳增值税；销售自己使用过的 2008 年 12 月 31 日前取得的固定资产，按照简易办法依照 3% 征收率减按 2% 缴纳增值税。

3. 拆迁补偿收入是否缴纳土地增值税

（1）政策性拆迁。

根据《土地增值税暂行条例》第八条及《土地增值税暂行条例实施细则》第十一条，以及财税 2006 年 21 号文的相关规定，政策性拆迁的拆迁补偿收入免征土地增值税。

（2）非政策性拆迁。

财税 1995 年 48 号文第十条规定："转让旧房的，应按房屋及建筑物的评估价格、取得土地使用权所支付的地价款和按国家统一规定交纳的有关费用，以及在转让环节缴纳的税金作为扣除项目金额计征土地增值税。"

即：非政策性拆迁取得的土地及地上建筑物的补偿收入应缴纳土地增值税。

4. 拆迁补偿收入是否缴纳企业所得税

（1）政策性拆迁。

总局 2012 年第 40 号公告详细阐述了政策性搬迁的企业所得税处理，要点如下。

搬迁收入包括搬迁企业取得的货币性与非货币性收入。但企业由于搬迁处置存货而取得的收入，应按正常经营活动取得的收入进行所得税处理，不作为企业搬迁补偿收入。

搬迁支出包括搬迁费用支出（如安置职工实际发生的费用、停工期间支付的工资及福利费、临时存放搬迁资产的费用、各类资产搬迁安装费用等）及由于搬迁所发生的企业资产处置支出（如变卖及处置各类资产的净值、处置过程中所发生的税费等）。

企业搬迁期间发生的资产购置支出，不得从搬迁收入中扣除，应按《企业所得税法》相关规定，确定资产的计税成本及折旧或摊销年限。

企业在搬迁期间发生的搬迁收入和搬迁支出，可以暂不计入当期应纳税所得额，而在完成搬迁的年度，对搬迁收入和支出进行汇总清算。即，税法给予政策性搬迁企业以税收递延缴纳的优惠。

（2）非政策性拆迁。

搬迁企业处理资产应按"固定资产清理"进行，对于清理所得按规定缴纳企业所得税；对于清理损失在应纳税所得额中扣除，并按财税〔2009〕57 号《财政部 国家税务总局关于企业资产损失税前扣除政策的通知》的要求准备资料并向主管税务机关报备。

5. 拆迁补偿收入是否缴纳个人所得税

（1）政策性拆迁。

财税〔2005〕45 号《财政部 国家税务总局关于城镇房屋拆迁有关税收政策的通知》（以下简称"财税 2005 年 45 号文"）规定：对被拆迁人按照国家有关城镇房屋拆迁管理办法规定的标准取得的拆迁补偿款，免征个人所得税。从此规定中可以推出，被拆迁人取得的拆迁补偿款超过相关标准的部分，应按"财产转让所得"缴纳个人所得税。

（2）非政策性拆迁。

被拆迁人取得的拆迁补偿收入扣除财产原值和合理费用后的余额，按"财产转让所得"缴纳个人所得税。

三、非货币性补偿的税收实操

在房屋拆迁中，存在很多非货币性补偿与货币性补偿相结合的情况。非货币性补偿是指房屋产权的调换，也叫房屋安置，即房地产开发企业给予被拆迁人一定面积的房屋，以换取其对被拆迁房屋、土地的产权，是"拆一还一"的实物补偿形式。

房地产开发企业将自己所拥有（自建或外购）的不动产补偿给被拆迁房屋的所有人，房地产开发企业获得了相应的经济利益。因为这种补偿实际上是房地产开发企业以房屋换取被拆迁人的土地使用权，其中即使涉及价差补偿，一般相对金额不大，属于典型的非货币性交易。

"拆一还一"业务的税收处理分析如下。

1. 增值税

在"营改增"前，国家税务总局在答复广东省税务局的请示时，以国税函〔2007〕768号《国家税务总局关于个人销售拆迁补偿住房征收营业税问题的批复》认定：房地产开发企业对被拆迁户实行房屋产权调换时，其实质是以不动产所有权为表现形式的经济利益的交换。房地产开发企业将所拥有的不动产所有权转移给了被拆迁户，并获得了相应的经济利益，根据现行营业税有关规定，应按"销售不动产"税目缴纳营业税。

在"营改增"后，交易的实质并未变化，房地产开发企业以其拥有的房屋所有权换取了被拆迁人的产权，取得了经济利益，应按"销售不动产"缴纳增值税。

总局2016年第14号公告对非货币性交易的增值税处理做出了明确规定：纳税人销售2016年4月30日前取得的不动产，可以选择简易计税方法；纳税人转让2016年5月1日后取得的不动产，应使用一般计税方法。具体要求可查阅此文件，在此不复述。

销售额一般采用本企业最近时期销售同类房产的平均价格确定。如没有同类房产的销售价格，可采用组成计税价格确定销售额，计算公式为：组成计税价格 = 成本 × （1+ 成本利润率）。其中，成本利润率由当地税务机关确定，成本中不包括土地成本。

如房地产开发企业将外购房屋用于安置，则存在两种情况：一是房地产开发企业先向第三方购置房屋，再将房屋补偿给被拆迁人；二是房地产开发企业与第三方约定好，直接将房屋过户给指定的被拆迁人。

对于第一种情况，房地产开发企业实质是将其购置的房屋销售给被拆迁人，应按总局 2016 年第 14 号公告的要求缴纳增值税。

对于第二种情况，由于房地产开发企业购入房屋并没有以自己为购买人，而是将房屋直接过户给指定被拆迁人，第三方将销售不动产发票直接开具给被拆迁人，这个过程相当于房地产开发企业支付补偿面积内的价款给被拆迁人，被拆迁人委托房地产开发企业以购置价向第三方购置房屋。如房地产开发企业在实物补偿外还向被拆迁人收取价差，则收取的款项相当于手续费，房地产开发企业应按照"服务业—代理业"缴纳增值税。

例 4-4：川哲公司向龙腾公司购房 1 000 套用于安置被拆迁人，每套建筑面积为 100 平方米，单套房产价值为 60 万元。川哲公司与龙腾公司在协议中约定将房屋过户至川哲公司指定的被拆迁人。按照拆迁补偿协议，川哲公司应补偿被拆迁人人均 90 平方米房屋。由于购入安置房屋面积较大，对超出补偿面积的部分，川哲公司拟按市场价值 8 000 元 / 平方米向被拆迁人收取价款，共收取价款 8 万元。

分析：龙腾公司将房屋直接交付给被拆迁人，销售发票也开具给被拆迁人，川哲公司并未实质性购入房屋来补偿。川哲公司实质上是按每套 90 平方米、价值 54 万元的房款补偿给被拆迁人，而被拆迁人又委托川哲公司以 62 万元（54+8）的价格向龙腾公司购买房屋，盈余的 2 万元（62-60）是川哲公司取得的代理费收入，应按"商务辅助服务—经纪代理服务"计缴增值税。

2. 企业所得税

国税发 2009 年 31 号文第七条规定，企业将开发产品用于换取其他企事业单位和个人的非货币性资产等行为，应视同销售。企业应按以下方法和顺序确认收入（或利润）。

（1）按本企业近期或本年度最近月份同类开发产品市场销售价格确定。

（2）由主管税务机关参照当地同类开发产品市场公允价值确定。

（3）按开发产品的成本利润率确定。开发产品的成本利润率不得低于 15%，具体比例由主管税务机关确定。

"拆一还一"属于典型的非货币性交易，其销售额应按国税发 2009 年 31 号文的规定来确认。房地产开发企业以其自有的商品房补偿给被拆迁人，一方面应按公允价值对交换的商品房确认视同销售收入，另一方面应以相同金额确认拆迁补偿费支出，计入房地产开发成本。

3. 土地增值税

国税发〔2006〕187号《国家税务总局关于房地产开发企业土地增值税清算管理有关问题的通知》（以下简称"国税发2006年187号文"）第三条规定，房地产开发企业将开发产品用于换取其他单位和个人的非货币性资产等，发生所有权转移时应视同销售房地产，其收入按下列方法和顺序确认。

（1）按本企业在同一地区、同一年度销售的同类房地产的平均价格确定。

（2）由主管税务机关参照当地当年、同类房地产的市场价格或评估价值确定。

国税函〔2010〕220号《国家税务总局关于土地增值税清算有关问题的通知》（以下简称"国税函2010年220号文"）第六条规定：

（1）房地产企业用建造的本项目房地产安置回迁户的，安置用房视同销售处理，按国税发2006年187号文第三条第（一）款规定确认收入，同时将此确认为房地产开发项目的拆迁补偿费。房地产开发企业支付给回迁户的补差价款，计入拆迁补偿费；回迁户支付给房地产开发企业的补差价款，应抵减本项目拆迁补偿费。

（2）开发企业采取异地安置，异地安置的房屋属于自行开发建造的，房屋价值按国税发2006年187号文第三条第（一）款规定计算，计入本项目的拆迁补偿费；异地安置的房屋属于购入的，以实际支付的购房支出计入拆迁补偿费。

（3）货币安置拆迁的，房地产开发企业凭合法有效凭据计入拆迁补偿费。

从以上规定可以看出，土地增值税的处理与企业所得税的处理一致，均将补偿给被拆迁人的房屋作为视同销售确认收入，同时作为拆迁补偿费在成本中列支。

4. 个人所得税

财税2005年45号文第一条（现有效）规定：对被拆迁人按照国家有关城镇房屋拆迁管理办法规定的标准取得的拆迁补偿款，免征个人所得税。即：

被拆迁人取得标准以内的补偿款不缴纳个人所得税；取得标准以外的补偿款，超过部分应按"财产转让所得"缴纳个人所得税。

棚户区改造如满足财税〔2013〕101号《财政部 国家税务总局关于棚户区改造有关税收政策的通知》的要求，则被拆迁人取得的拆迁补偿款可按有关规定免征个人所得税。

5. 契税

财税〔2004〕134号《财政部 国家税务总局关于国有土地使用权出让等有关契税问题的通知》规定："以协议方式出让的，其契税计税价格为成交价格。成交价格包括土地出让金、土地补偿费、安置补助费、地上附着物和青苗补偿费、拆迁补偿费、市政建设配套费……"故房地产开发企业征拆中对外付的拆迁补偿费、青苗补偿费等应缴纳契税。

例4-5：川哲公司2019年5月开发某项目（属于城中村改造），该项目用地面积为15 000平方米，总建筑面积为45 000平方米，可售面积为40 000平方米。其中，用于安置回迁户村民的住宅面积为10 000平方米，其余30 000平方米的住宅由川哲公司对外销售。

该项目于2020年9月完工。2020年10月，川哲公司与被拆迁人办理了10 000平方米回迁房交接手续。2020年11月，川哲公司将剩余房屋对外销售，并于2020年12月全部销售完毕。川哲公司同期同类房地产的平均价格为8 000元/平方米，取得销售收入24 000万元（30 000×8 000）。该项目工程已竣工决算，开发成本为8 000万元，土地征用费及拆迁补偿费为0元。

分析：川哲公司以其自建的商品房用于拆迁安置，此部分应视同销售。川哲公司对外销售的商品房按正常生产经营进行税收处理。

1. 增值税

川哲公司对外销售房屋价格为8 000元/平方米，增值税应以此为计税基础。

$$销项税额 = \frac{(10\,000+30\,000)\times 8\,000}{1+9\%} \times 9\% = 26\,422\,018.35（元）= 2\,642.20（万元）$$

$$进项税额 = \frac{8\,000 + 8\,000}{1+9\%} \times 9\% = 1\,321.10（万元）[假设此项目只有建$$

筑安装成本；拆迁补偿款 $= 8\,000 \times 10\,000 = 80\,000\,000（元）= 8\,000（万元）]$

应交增值税 = 销项税额 − 进项税额 $= 2\,642.20 − 1\,321.10 = 1\,321.10（万元）$

2. 契税

拆迁补偿费应缴纳契税，假定契税税率为 4%，则：

$$契税 = \frac{10\,000 \times 8\,000}{1+9\%} \times 4\% = 2\,935\,779.82（元）= 293.58（万元）$$

3. 土地增值税

2020 年 12 月，房屋全部销售完毕，川哲公司主动进行土地增值税清算。土地增值税计算过程如下。

（1）房地产开发取得的收入 = 拆迁安置视同销售收入 + 商品房销售收

$$入 = \frac{(10\,000 + 30\,000) \times 8\,000}{1+9\%} = 293\,577\,981.7（元）= 29\,357.80（万元）$$

（2）取得土地使用权所支付的金额 = 拆迁补偿费 + 契税 $= \dfrac{8\,000}{1+9\%} + 293.58 =$

$7\,633.03（万元）$

（3）房地产开发成本（不含税）$= \dfrac{8\,000}{1+9\%} = 7\,339.45（万元）$

（4）与转让房地产有关的税费 = 增值税税额 ×（城市维护建设税税率 + 教育费附加税率 + 地方教育费附加税率）$= 1\,321.10 \times (7\% + 3\% + 2\%) = 158.53（万元）$

（5）房地产开发费用 =（取得土地使用权所支付的金额 + 房地产开发成本）$\times 10\% = (7\,633.03 + 7\,339.45) \times 10\% = 1\,497.25（万元）$

（6）其他扣除项目 =（取得土地使用权所支付的金额 + 房地产开发成本）$\times 20\% = (7\,633.03 + 7\,339.45) \times 20\% = 2\,994.50（万元）$

（7）允许扣除项目合计 $= 7\,633.03 + 7\,339.45 + 158.53 + 1\,497.25 + 2\,994.50 = 19\,622.76（万元）$

（8）增值额 = 29 357.80-19 622.76 = 9 735.04（万元）

（9）增值率 $= \dfrac{9\,735.04}{19\,622.76} \times 100\% = 49.61\%$

（10）应交土地增值税 = 9 735.04×30% = 2 920.51（万元）

4. 企业所得税

（1）商品房用于拆迁安置的视同销售收入。

视同销售收入 $= \dfrac{10\,000 \times 8\,000}{1+9\%} = 7\,339.45$（万元）

（2）拆迁安置成本：按视同销售收入确认拆迁补偿费 7 339.45 万元。

（3）应纳税所得额 = 视同销售收入 + 商品房销售收入 - （房地产开发成本 + 拆迁补偿费 + 契税 + 土地增值税） $= 7\,339.45 + \dfrac{24\,000}{1+9\%} -$ （7 339.45 + 7 339.45 + 293.58 + 2 920.51）= 11 464.81（万元）

（4）应交企业所得税 = 11 464.81×25% = 2 866.20（万元）

第四节　合作开发方式的实操指引

房地产开发企业合作开发项目最直接的方式是两家或两家以上的房地产开发企业共同成立项目公司，各自出资占有一定比例股权，共同承担经营风险，共享开发收益。这类合作开发的实质是多家房地产开发企业共同出资设立开发主体，以开发主体的名义进行房地产生产经营。其涉税处理与一般的房地产项目一致，税收实操并无特别之处。

还有一类合作开发，是合作建房，即一方提供土地使用权（以下简称"出地方"），另一方提供资金（以下简称"出资方"），双方合作建房，房屋建成后双方按约定比例分配房屋。合作建房的税收实操有特别的地方，下面重点讲解。

一、合作建房的分类

合作建房首先解决房屋建成后的初始产权归属。因为只有房屋的初始产权归属明确了，才能明确合作双方的权利与义务关系，从而确定税收关系的主体。判断建成房屋的初始产权归属是以立项文书上记载的权利主体为依据的，即谁立项，谁报建，初始产权就登记在谁名下。通常情况下，只有施工许可证上记载的主体才能办理房产初始登记，获得房屋的初始产权。

根据立项单位的不同，合作建房可以分为以下三类。

（1）出地方立项。出地方立项，则房屋初始产权归属出地方。房屋建成后，出资方分得的房屋，在实务上视为出地方将部分房屋与土地使用权转让给出资方。国税函〔2005〕1003号《国家税务总局关于合作建房营业税问题的批复》对此种情况予以明确规定：甲方提供土地使用权，乙方提供所需资金，以甲方名义合作开发房地产项目的行为，不属于合作建房。

（2）出资方立项。出资方为房屋初始产权登记人，但出资方不拥有土地使用权，其在申请房屋产权登记前，应先办理土地使用权转移手续，将出地方的土地过户到自己名下。税法上对此种情况是否属于合作建房没有明确规定。但从交易实质来看，此种情况是由出资方先从出地方手中购买土地，再将建设完成的房屋转让给出地方，所以其实质是出地方将土地使用权转让给出资方，出资方完成开发后再将房屋转让给出地方，并非真正意义的合作建房。

（3）出地方与出资方联合立项。房屋建成后，按照约定分配房屋，出地方与出资方各自将分得的房屋办理权属登记。由于出资方不拥有土地使用权，因此，在办理房屋产权登记前，出资方应先办理分得房屋部分占用土地的土地使用权转移手续。此种情形属于税法规定的合作建房形式。

二、不成立合营公司模式的税收实操

不成立合营公司模式，即一方出地，一方出资金，不成立合营公司，合作建房。房屋建成后，可按约定比例分配房屋；也可由出资方使用若干年后，将房屋、土地全部归属出地方。

例4-6：成达公司提供10 000平方米土地，成本价为1 000万元，评估价值为1 800万元，2019年8月与川哲公司达成协议，约定双方合作建房。协议约定，川哲公司提供2 000万元资金用于修建房屋，房屋建成后，双方各按50%分配房屋。成达公司分得房屋后，一半房屋用于对外销售，取得销售收入1 500万元，另一半自用。川哲公司则将分得的房屋全部对外销售，取得销售收入3 000万元。

分析：成达公司以转让部分土地使用权为代价，换取部分房屋的所有权，发生了转让土地使用权的行为；川哲公司则以转让部分房屋的所有权为代价，换取部分土地的使用权，发生了销售不动产的行为。由于双方没有进行货币结算，此交易属于典型的非货币性交易。

总局2016年第14号公告规定："一般纳税人转让其2016年5月1日后取得（不含自建）的不动产，适用一般计税方法，以取得的全部价款和价外费用为销售额计算应纳税额。纳税人应以取得的全部价款和价外费用扣除不动产购置原价或者取得不动产时的作价后的余额，按照5%的预征率向不动产所在地主管地税机关预缴税款，向机构所在地主管国税机关申报纳税。"

因此，本例中成达公司预缴转让土地使用权的增值税，应以评估价值减去土地账面成本的差额为计税依据。

（1）转让土地预缴增值税：$\dfrac{1\ 800-1\ 000}{1+9\%} \times 50\% \times 5\% = 18.35$（万元）

（2）转让土地应交税金及附加：$18.35 \times （7\% + 3\% + 2\%）=2.20$（万元）

（3）转让土地的土地增值税。

财税1995年48号文第二条规定："对于一方出地，一方出资金，双方合作建房，建成后按比例分房自用的，暂免征收土地增值税；建成后转让的，应征收土地增值税。"

本例中，成达公司不是房地产开发企业，故土地转让环节不缴纳土地增值税。

（4）销售房屋预缴增值税：$\dfrac{1\,500}{1+9\%} \times 3\% = 41.28$（万元）

（5）销售房屋应交税金及附加：$41.28 \times（7\% + 3\% + 2\%）= 4.95$（万元）

（6）销售房屋的土地增值税：因成达公司将分得房屋的一半用于销售，根据财税 1995 年 48 号文的规定，房屋建成后转让的，应征收土地增值税，故此部分房屋需要计算两个环节的土地增值税，即土地转让环节的土地增值税和房屋销售环节的土地增值税。

① 土地转让环节的土地增值税。

a. 取得土地使用权支付的金额：$\dfrac{1\,000}{1+9\%} \times 50\% \div 2 = 229.36$（万元）

b. 与转让土地有关的税金：2.20 万元

c. 增值额：$\dfrac{1\,800}{1+9\%} \times 50\% \div 2 - 229.36 - 2.20 = 181.28$（万元）

d. 增值率：$\dfrac{181.28}{229.36} \times 100\% = 79.04\%$

e. 土地增值税：$181.28 \times 40\% - 229.36 \times 5\% = 61.04$（万元）

② 房屋销售环节的土地增值税。

a. 取得土地使用权支付的金额：$\dfrac{1\,800}{1+9\%} \times 50\% \div 2 = 412.84$（万元）

b. 房地产开发成本：$\dfrac{2\,000}{1+9\%} \times 50\% \div 2 = 458.72$（万元）

c. 房地产开发费用：$\dfrac{1\,800+2\,000}{1+9\%} \times 10\% \times 50\% \div 2 = 87.16$（万元）

d. 与转让房地产有关的税金。

增值税：（销售收入 - 土地成本抵扣）$\times 9\%$ - 开发成本进项税额 =

$\left(\dfrac{1\,500}{1+9\%} - \dfrac{1\,800}{1+9\%} \times 50\% \div 2\right) \times 9\% - \dfrac{2\,000}{1+9\%} \times 50\% \div 2 \times 9\% = 45.41$（万元）

与转让房地产有关的税金：$45.41 \times（7\% + 3\% + 2\%）= 5.45$（万元）

e. 其他扣除项目：成达公司不是房地产开发企业，此项为0。

f. 扣除项目合计：412.84 + 458.72 + 87.16 + 5.45 = 964.17（万元）

g. 增值额：$\dfrac{1\,500}{1+9\%} - 964.17 = 411.98$（万元）

h. 增值率：$\dfrac{411.98}{964.17} \times 100\% = 42.73\%$

i. 土地增值税：$411.98 \times 30\% = 123.59$（万元）

（7）契税：《中华人民共和国契税法》（以下简称《契税法》）规定："在中华人民共和国境内转移土地、房屋权属，承受的单位和个人为契税的纳税人。"成达公司为土地使用权和房屋的转让方，不缴纳契税。

（8）企业所得税。

① 转让土地的应纳税所得额：土地增值所得 − 税金及附加 − 转让土地应交土地增值税 $= \dfrac{1\,800 - 1\,000}{1+9\%} \times 50\% - 2.20 - 61.04 = 303.73$（万元）

② 销售房屋的应纳税所得额：销售收入 − 土地成本 − 开发成本 − 税金及附加 − 转让房地产应交土地增值税 $= \dfrac{1\,500}{1+9\%} - \dfrac{1\,800}{1+9\%} \times 50\% \div 2 - \dfrac{2\,000}{1+9\%} \times 50\% \div 2 - 5.45 - 123.59 = 375.55$（万元）

③ 企业所得税：$(303.73 + 375.55) \times 25\% = 169.82$（万元）

川哲公司提供资金用于修建房屋，房屋建成后，分配一半房屋给成达公司，其实质是将房屋销售给成达公司以换取土地使用权，故川哲公司应按公允价值确认销售收入，同时按公允价值确认取得土地的成本。其应缴纳的税金如下。

1. "以房换地"应缴的税费

（1）增值税。

根据总局2016年第18号公告对销售额的规定，川哲公司视同销售金额为1 800万元（土地评估价值），土地取得成本亦为1 800万元，故视同销售的销售额为0。

（2）契税。

根据《契税法》，土地、房屋权属转移的要交契税。本例中，川哲公司获得了成达公司的部分土地使用权，属于土地使用权权属转移，应交契税。

财税 2016 年 43 号文规定："计征契税的成交价格不含增值税。"

应交契税：$\dfrac{1\,800}{1+9\%} \times 50\% \times 4\% = 33.03$（万元）

2. 销售房屋应缴纳的税费

（1）增值税：$\dfrac{3\,000}{1+9\%} \times 9\% - \dfrac{2\,000}{1+9\%} \times 50\% \times 9\% = 165.14$（万元）

税金及附加：$165.14 \times (7\% + 3\% + 2\%) = 19.82$（万元）

（2）土地增值税。

① 取得土地使用权支付的金额：$\dfrac{1\,800}{1+9\%} \times 50\% + 33.03 = 858.72$（万元）

② 房地产开发成本：$\dfrac{2\,000}{1+9\%} \times 50\% = 917.43$（万元）

③ 房地产开发费用：$(858.72 + 917.43) \times 10\% = 177.62$（万元）

④ 与转让房地产有关的税金：19.82 万元

⑤ 其他扣除项目：川哲公司是房地产开发企业，可加计扣除。

$(858.72 + 917.43) \times 20\% = 355.23$（万元）

⑥ 扣除项目合计：$858.72 + 917.43 + 177.62 + 19.82 + 355.23 = 2\,328.82$（万元）

⑦ 增值额：$\dfrac{3\,000}{1+9\%} - 2\,328.82 = 423.47$（万元）

⑧ 增值率：$\dfrac{423.47}{2\,328.82} \times 100\% = 18.18\%$

⑨ 土地增值税：$423.47 \times 30\% = 127.04$（万元）

如本项目是普通住宅，增值率低于 20%，则根据《土地增值税暂行条例》，不缴纳土地增值税。

（3）企业所得税。

应纳税所得额：$\dfrac{3\ 000}{1+9\%}-\dfrac{1\ 800}{1+9\%}\times 50\%-33.03-\dfrac{2\ 000}{1+9\%}\times 50\%-19.82-127.04=$ 829.28（万元）

企业所得税：$829.28\times 25\%=207.32$（万元）

三、成立合营公司模式的税收实操

成立合营公司模式，即一方出地，一方出资金，成立合营的房地产开发公司，合作建房。按出地方参与分配的方式不同，可以分为以下几种操作模式：

（1）房屋建成后，出地方按比例分配房屋；

（2）房屋建成后，出地方按销售收入的一定比例进行分配；

（3）出地方采用"风险共担、利润共享"的方式参与分配。

出地方以土地投入合营公司，其投资行为的税收处理分析如下。

1. 增值税

与本章第二节"一、土地作价入股的税收实操"的分析一致，详见此节内容。税收处理依据是总局 2016 年第 14 号公告。

2. 契税

《契税法》第二条规定：以作价投资（入股）、偿还债务、划转、奖励等方式转移土地、房屋权属的，应当按照本法规定征收契税。

3. 土地增值税

根据财税 1995 年 48 号文及财税 2016 年 21 号文相关规定，如出地方是房地产开发企业，或其投资的企业从事房地产开发的，其将土地对外投资的行为要缴纳土地增值税。

4. 企业所得税

《企业所得税法实施条例》第二十五条规定："企业发生非货币性资产交换……，应当视同销售货物、转让财产或者提供劳务。"

国税函〔2008〕828 号《国家税务总局关于企业处置资产所得税处理问题

的通知》（以下简称"国税函 2008 年 828 号文"）规定："企业将资产移送他人的下列情形，因资产所有权属已发生改变而不属于内部处置资产，应按规定视同销售确定收入。"

因此，企业将土地对外投资，发生了非货币性资产交换，应按规定确认财产转让损益，计缴企业所得税。

例4-7：沿用例4-6，成达公司提供 10 000 平方米土地，成本价为 1 000 万元，评估价为 1 800 万元；川哲公司提供 2 000 万元资金，双方成立川成合营公司用于合作建房。协议约定，房屋建成后，成达公司与川哲公司各分得一半房屋，房屋价值为 6 000 万元。

分析：组成合营公司后，房屋建成按比例分配。此种合作方式不属于"风险共担、利润共享"的合作方式，以土地出资，需计缴增值税。合营公司分配房屋按"销售不动产"纳税。

成达公司转让土地的税收处理与例4-6 一致。

川哲公司以货币投资，不涉及税收处理。

川成公司的税收处理如下。

（1）契税：$\dfrac{1\,800}{1+9\%} \times 4\% = 66.06$（万元）。

（2）分配房屋增值税及附加。

增值税：$\left(\dfrac{6\,000}{1+9\%} - \dfrac{1\,800}{1+9\%} - \dfrac{2\,000}{1+9\%} \right) \times 9\% = 181.65$（万元）

税金及附加：$181.65 \times (7\% + 3\% + 2\%) = 21.80$（万元）

（3）分配房屋土地增值税。根据国税发 2006 年 187 号文的规定，川成公司将房屋分配给股东成达公司和川哲公司，应视同销售房地产，计缴土地增值税。

川成公司应交土地增值税的计算如下。

① 取得土地使用权支付的金额：$\dfrac{1\,800}{1+9\%} + 66.06 = 1\,717.44$（万元）

② 房地产开发成本：$\dfrac{2\,000}{1+9\%}=1\,834.86$（万元）

③ 房地产开发费用：$(1\,717.44+1\,834.86)\times10\%=355.23$（万元）

④ 与转让房地产有关的税金：21.80 万元

⑤ 其他扣除项目：川成公司是房地产开发企业，可加计扣除。

$(1\,717.44+1\,834.86)\times20\%=710.46$（万元）

⑥ 扣除项目合计：$1\,717.44+1\,834.86+355.23+21.80+710.46=4\,639.79$（万元）

⑦ 增值额：$\dfrac{6\,000}{1+9\%}-4\,639.79=864.80$（万元）

⑧ 增值率：$\dfrac{864.80}{4\,639.79}\times100\%=18.64\%$

⑨ 应交土地增值税：$864.80\times30\%=259.44$（万元）

如本例中合营双方不是分配房屋，而是按销售收入的一定比例分配取得的现金收入，则各方的税收处理应按以下方法进行。

（1）如出地方成达公司按收入的一定比例提取或收取固定金额收益，其实质是将土地使用权转让给合营公司，应按总局 2016 年第 14 号公告的相关规定计缴增值税。

（2）如出资方川哲公司按收入的一定比例提取或收取固定金额收益，其实质是将资金借于川成合营公司，应按借款合同计缴增值税。

如本例中成达公司和川哲公司采用"风险共担、利润共享"方式合作建房，由于这种方式是法律意义上的合作建房，双方应按合作建房的相关要求进行税收处理。

四、合作开发的假投资模式税收实操

1. 出地方取得固定收益的假投资模式

根据国税函〔1995〕156 号《国家税务总局关于印发〈营业税问题解答（之一）〉的通知》及最高人民法院公告法释〔2005〕5 号《最高人民法院关于审理涉及国有土地使用权合同纠纷案件适用法律问题的解释》（以下简称

"法释 2005 年 5 号文"）相关规定，合作开发房地产合同约定提供土地使用权的当事人不承担经营风险，只收取固定收益的，应当认定为土地使用权转让合同。

出地方的行为实质是卖地，应按规定缴纳增值税、税金及附加、土地增值税和企业所得税。

出资方以实际支出的金额作为土地成本入账，正常缴纳项目开发过程中的增值税、税金及附加、土地增值税和企业所得税等。

2. 出地方分得商品房的假投资模式

出地方应以分得商品房的公允价值确认土地转让收入，计缴增值税、税金及附加、土地增值税和企业所得税。

出资方作为开发平台，正常缴纳项目开发过程中的增值税、税金及附加、土地增值税和企业所得税。其分给出地方的商品房应视同销售，确认不动产销售收入，同时以此作为土地成本入账。

3. 出资方取得固定收益的假投资模式

法释 2005 年 5 号文规定："合作开发房地产合同约定提供资金的当事人不承担经营风险，只收取固定数额货币的，应当认定为借款合同。"

出资方对提供资金取得的固定收益应按"金融保险业"缴纳增值税，并将此收益计入当年应纳税所得额中，缴纳企业所得税。

出地方作为开发平台，正常缴纳项目开发过程中的增值税、税金及附加、土地增值税和企业所得税。其支付给出资方的款项在扣除资金本金后，剩余的金额应作为利息支出处理。

4. 出资方分得商品房的假投资模式

法释 2005 年 5 号文规定："合作开发房地产合同约定提供资金的当事人不承担经营风险，只分配固定数量房屋的，应当认定为房屋买卖合同。"

出资方应以投入资金的金额确认取得商品房的成本。

出地方在将商品房分配给出资方时视同销售，以分配商品房的公允价值确认销售收入。

第五节 股权收购方式的实操指引

股权收购是指房地产开发企业通过获取土地持有方股权，控制目标企业，从而获取目标土地的拿地方式。如果被收购方为非房地产开发企业，收购方还需将被收购方改制为房地产开发企业，从而开展房地产开发业务。

股权收购在实操上可以分为股权转让、增资收购和合并收购三种模式。

一、股权收购的基本模式

股权收购是房地产开发企业收购项目公司股权，从而间接控制其名下的土地的一种拿地方式。这一交易过程仅涉及股权的交易，不涉及土地、房屋等不动产的权属变动。

其优势在于操作简单、土地获取与开发快捷、前期交易税负低。其劣势在于：收购方需承担与被收购方股权相关的义务，存在或有负债的风险；股权交易的溢价部分无法计入项目公司成本，导致后期经营税负高；如目标公司名下有多项资产，收购前，被收购企业需进行资产剥离，增加了操作难度。

股权收购的基本交易模式是房地产开发企业向目标公司股东支付股权转让款，目标公司股东将股权转让给房地产开发企业，房地产开发企业从而实现对目标公司的控制。股权收购的交易结构如图 4-1 所示。

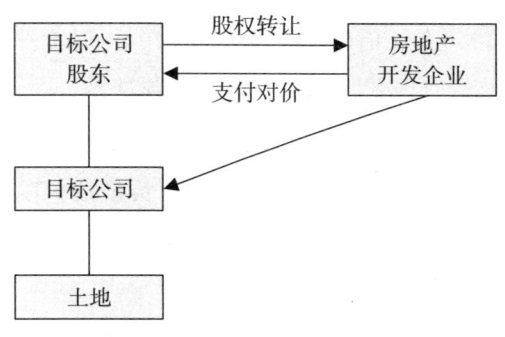

图 4-1 股权收购的交易结构

项目收并购是房地产开发企业的重要工作之一，财务人员须掌握收并购的基本流程和相关税收知识，为企业经营决策提供有力的支撑。

项目收并购一般需经过项目前期洽谈、收购框架协议签订、法务及财税尽职调查、项目收益与风险评估、交易方案设计与谈判、收购合同拟定、收购决策和股权交割等程序。这几个环节的主要内容介绍如下。

1. 项目前期洽谈

项目前期洽谈由房地产开发企业的投资拓展职能部门负责，主要工作是：了解目标公司及房地产项目的基本情况，与目标公司主要股东接洽，了解其转让股权的动机与诉求，组织设计、营销、工程、成本等职能部门对目标项目进行初步考察并确定项目初步操盘方案，初步模拟项目经营情况等。

2. 收购框架协议签订

收并购双方达成初步合作意向后，需签订收购框架协议，明确双方进一步合作的初步意见，并进行排他性约定。排他性约定是指被收购方在签订协议后，只能与收购方进行合作洽谈。此时，收购方需支付一定金额的保证金以表达合作的意向。

3. 法务及财税尽职调查

在签订收购框架协议后，收购方将委派专业律师、会计师、税务师及评估师等中介机构进驻被收购方办公场所，对目标公司及其房地产项目进行全面尽职调查，被收购方需按协议要求提供必要的尽职调查条件与配合。

项目的尽职调查主要包括土地调查、在建工程及房屋调查、工商调查、法律诉讼及行政处罚调查、信用及担保情况调查、财务及税务调查、重大合同调查、工程现场及政府规划调查、劳动人事调查等。

财税尽职调查由税务职能部门负责，重点在于发现被收购方的股权、资产的权利瑕疵，负债的性质、处理方式及或有负债的风险，交易方式存在的问题和风险等。

4. 项目收益与风险评估

尽职调查完成后，房地产开发企业的投资职能部门应结合尽职调查报告组织各职能部门对重大问题与风险进行研讨，评估项目风险；结合问题解决方案与风险应对方案，对项目收益进行测算，拟定谈判策略。

5. 交易方案设计与谈判

投资职能部门在对交易可行性进行充分评估的基础上，结合各职能部门意见拟定交易方案，并与被收购方深入洽谈，确定最后交易模式与条件。

税务职能部门负责拟定税务筹划方案，重点在于根据尽职调查发现的风险和问题提出解决方案，采用一定的交易模式与方法避免或降低风险，保证收购的正常进行。

6. 收购合同拟定

投资职能部门与专业律师就交易要件、双方权利与义务及风险规避等进行谈判，收购合同应最大限度地预见可能存在的风险，并约定各种措施以化解或降低该风险。

7. 收购决策

收购合同拟定后，投资职能部门应结合谈判情况，发起企业的投资决策程序，得到企业的最终决策。

8. 股权交割

股权交割主要包括转让价款的支付、股权的交割、项目资料及工程现场的移交、目标公司章证照（营业执照、公章、财务章、法人章以及不动产权证等项目证照）的移交、各类财税凭证报表等资料的移交等工作。

税务职能部门在此阶段的主要工作是检查前期发现的问题是否解决、风险是否规避或可控、权利是否存在瑕疵、交割工作是否按收购合同约定执行等。

二、股权转让的税收实操

股权转让交易是房地产开发企业与目标公司股东之间的交易，交易标的是被收购企业的股权，房地产开发企业以支付现金的方式取得。因此，被收购企业不做财务处理，只需在工商登记和税务登记中变更股东名称即可。

对于股权转让的税收实操，我们需要分别从交易双方的角度进行税收处理。

1. 股权转让方（被收购企业股东）

（1）增值税。

转让上市企业股权要缴纳增值税。财税 2016 年 36 号文规定金融商品转让要缴纳增值税，而金融商品包括有价证券。故上市企业的股权转让应按"金融商品转让"缴纳增值税。

除此以外的股权转让不属于增值税的征税范围，不缴纳增值税。

（2）企业所得税和个人所得税。

国税函〔2010〕79 号《国家税务总局关于贯彻落实企业所得税法若干税收问题的通知》（以下简称"国税函 2010 年 79 号文"）第三条规定："……转让股权收入扣除为取得该股权所发生的成本后，为股权转让所得。企业在计算股权转让所得时，不得扣除被投资企业未分配利润等股东留存收益中按该项股权所可能分配的金额。"即，被收购企业的法人股东应按转让股权的溢价金额缴纳企业所得税。

国家税务总局公告 2014 年第 67 号《税务总局关于发布〈股权转让所得个人所得税管理办法（试行）〉的公告》（以下简称"总局 2014 年第 67 号公告"）规定："个人转让股权，以股权转让收入减除股权原值和合理费用后的余额为应纳税所得额，按'财产转让所得'缴纳个人所得税。"即，被收购企业的个人股东转让股权要缴纳个人所得税。

（3）土地增值税。

根据《土地增值税暂行条例》，土地增值税是对转让国有土地使用权及其地上建筑物和附着物的行为征税。在股权转让中，没有发生国有土地使用权的转让，不属于土地增值税的征税范围。

国税函 2000 年 687 号文规定，被收购企业股东一次性转让被收购企业 100% 的股权，且这些以股权形式表现的资产主要是土地使用权、地上建筑物及附着物的，要缴纳土地增值税。

为满足国税函〔2000〕687 号文件的要求，房地产开发企业在收并购过程中，应通过分步转让股权或先增资再转让等方式规避该项风险。

2. 股权受让方

财政部 税务总局公告 2021 年第 17 号《财政部 税务总局关于继续执行企业 事业单位改制重组有关契税政策的公告》规定："在股权（股份）转让中，单位、个人承受公司股权（股份），公司土地、房屋权属不发生转移，不征收契税。"

房地产开发企业支付对价，受让被收购企业股权，不涉及税收处理。

三、增资收购的税收实操

增资收购是房地产开发企业通过增加被收购企业注册资本，占有被收购企业一定比例股份，从而控制被收购企业的股权收购方式。

从表面看，此方式下房地产开发企业未与被收购企业原股东发生股权交易关系，但实质上，房地产开发企业投入资金的大小、占有股份比例的多少，都要与被收购企业的股东发生权益对价关系。

在税收实操上，房地产开发企业以货币对外投资，无论是否产生溢价都不产生所得税的纳税义务。

被收购企业因新增股东投入而增加了实收资本，只需就增加的实收资本和资本公积缴纳印花税。

被收购企业收到房地产开发企业的投资后，原股东可通过股东往来或借款的方式，从被收购企业收回相应投资，实现收益。此部分往来或借款，可在项目经营后期以股东分红的形式冲销。如果原股东是公司，此部分分红可以享受免税优惠政策。如果是自然人，那么可递延个人所得税的纳税义务发生时间，从而获得资金时间价值。

不过，上述操作对被收购企业的个人股东来说存在个人所得税风险。如果不用分红冲借款，超过一年且未用于生产经营的，也存在个人所得税风险。财税〔2003〕158 号《财政部 国家税务总局关于规范个人投资者个人所得税征收管理的通知》第二条规定：纳税年度内个人投资者从其投资企业（个人独资企业、合伙企业除外）借款，在该纳税年度终了后既不归还，又未用于企业生产经营的，其未归还的借款可视为企业对个人投资者的红利分配，依照"利息、股息、红利所得"项目计征个人所得税。

四、合并收购的税收实操

合并收购是指房地产开发企业通过合并的方式取得被合并企业的控制权。

合并分为吸收合并和新设合并两种类型。吸收合并是指房地产开发企业存续，接纳被合并企业，合并后被合并企业注销。新设合并是指参加合并的各企业合并到一起设立一家新的企业，参加合并的企业全部注销。

合并后被合并企业的土地、房屋等不动产需过户到合并后的企业，被合并企业注销。此过程涉及各类权证主体的变更、工商税务的注销，程序、流程烦琐复杂，耗时长，实务中很少采用这种方式获得项目。

合并收购的本质是被合并企业以全部资产同另一企业的股权进行交换，交易的主体是被合并企业的股东。交易的税收处理分析如下。

1. 企业所得税

无论交换的主体是谁，我们主要关注的都是被合并资产的计税成本和其公允价值之间的差额，以此确认被合并资产的增值额或减值额。被合并资产增值或减值是站在被合并企业股东的角度来看的，即被合并企业先进行清算，再分配清算资产。因此，合并收购的税收实操中涉及三个价值：

一是被合并企业股东原始投资的价值；

二是被合并企业在合并日净资产账面价值；

三是被合并企业在合并日全部资产的公允价值。

第三项和第二项的差额是被合并企业处理资产的收益或损失，应计入被合并企业的应纳税所得额中，计缴企业所得税。

第二项和第一项的差额是被合并企业股东投资的收益或损失，应计入股东的应纳税所得税额中，计缴企业所得税（法人股东）、个人所得税（个人股东）。

2. 增值税

国家税务总局公告 2013 年第 66 号《国家税务总局关于纳税人资产重组有关增值税问题的公告》规定："纳税人在资产重组过程中，通过合并……多次转让行为均不征收增值税。"

3. 土地增值税

财税〔2015〕5 号《财政部 国家税务总局关于企业改制重组有关土地增值税政策的通知》第二条规定："按照法律规定或者合同约定，两个或两个以上企业合并为一个企业，且原企业投资主体存续的，对原企业将国有土地、房屋权属转移、变更到合并后的企业，暂不征土地增值税。"

第五条规定："上述改制重组有关土地增值税政策不适用于房地产开发企业。"

即，房地产开发企业的合并收购涉及土地、房屋等不动产权属转移的，要缴纳土地增值税。

4. 契税

财税〔2012〕4 号《财政部 国家税务总局关于企业事业单位改制重组契税政策的通知》规定："两个或两个以上的公司，依据法律规定、合同约定，合并为一个公司，且原投资主体存续的，对其合并后的公司承受原合并各方的土地、房屋权属，免征契税。"

第六节　代建方式的实操指引

房地产开发企业的代建经营模式是近几年较常见的经营模式。随着国家对房地产市场的精准调控以及行业市场深入发展，房地产市场分化越来越明显。一方面，市场孕育出了一批成熟的房地产开发企业，它们拥有客户认可的品牌、成熟的产品、较强的经营能力，但项目投资拓展的时间长、投入大、风险高，企业发展压力大；另一方面，市场上还有很多规模小的房地产开发企业，它们拥有优质的土地资源，在当地市场有成熟的关系网，但受制于自身条件，无力开发项目或无法实现产品溢价，项目盈利能力低下。

在这种情况下，一些品牌开发商和地方性开发商进行代建合作以实现双赢。一方面，品牌开发商输出品牌、输出管理，获取可靠的代建收益，投入小、收益稳定，还能规避项目转让的溢价处理、税收处理等难题，实现轻资产运营；另一方面，地方性开发商通过与品牌开发商合作，可以实现产品溢价，锻炼团队能力，增加收益。

房地产项目代建是指房地产项目的持有方不转让项目的所有权，引入具有较强经营能力的房地产开发企业对项目的定位、设计、建设、销售、融资等一个或多个环节进行专业管理，并向房地产开发企业支付一定费用的项目开发经营模式。代建分为纯取费代建和股权式代建。

一、纯取费代建

纯取费代建是指房地产开发企业参与项目的一定的生产经营环节，并根据提供的服务收取一定的费用。

一些小开发商有好的项目，也有一定的资金实力，但开发经营能力较弱，品牌美誉度不高，无法实现产品溢价。在这种情况下，它们引入品牌开发商提供项目定位、设计、销售等服务，实现经营目标。

在这种模式下，房地产开发企业一般会收取代建管理费、营销费用。代建管理费通常包含项目经营过程中房地产开发企业会发生的管理费用，但不包含营销费用。营销费用一般按签约额的一定比例计提使用，由项目公司承担。

在税收实操上，房地产开发企业按收取的费用开具增值税专用发票，确认收入，并缴纳增值税及附加、企业所得税。因此，房地产开发企业应选用集团内有可弥补亏损的公司作为代建主体，收取代建费用，从而不缴或少缴企业所得税。

二、股权式代建

股权式代建是房地产开发企业阶段性持有项目公司股权，在实现销售目标后即退出项目公司的代建模式。

这种模式适用于资金实力较弱的小开发商，因为小开发商需要房地产开发企业投入资金开发项目。通常来说，房地产开发企业投入的资金也是利用自己的资源融资而来的，因此，房地产开发企业在项目公司股权占比的多少与金融机构的要求密切相关，这种操作也被称为"融资性代建"。

在这种模式下，房地产开发企业对项目公司融资提供的担保需收取担保费用，以及对项目公司经营收取代建费用和品牌使用费。

在税收实操上，房地产开发企业阶段性持有项目公司股权（在代建协议中约定平价转让股权），以股东借款的方式投入建设资金，以项目公司为主体进行项目开发，房地产开发企业以其收取的相应费用缴纳增值税及附加、企业所得税等。此模式和纯取费代建的税收处理一致。

第五章

开发建设阶段的税收实操指引

房地产开发企业获取土地后，从正式动工开始就进入开发建设阶段了。开发建设阶段从动工到竣工交付，持续时间长，是开发成本的主要形成阶段。项目成本对象的设置、成本的归集、各产品成本的分摊等，直接影响到最终的税负。开发建设阶段是企业税收措施落地的关键阶段。

本章主要涉及的知识点有：

- 房地产开发成本的组成与税收处理要点；
- 成本分配结转的实务处理；
- 房地产利息、费用的实务处理。

第一节 开发建设阶段税收管理概述

开发建设阶段是房地产项目运营的主要阶段。从开发报建来看，此阶段涉及不动产权证、建设用地规划许可证、建设工程规划许可证、建设工程施工许可证、商品房预售许可证及竣工备案证等政府证照的办理；从工程生产来看，此阶段将完成从土方施工、主体建设与安装、小区配套设施建设到工程竣工的所有建设工作；从项目运营来看，此阶段主要包括施工计划、项目运营节点的完成等重要工作；从成本管理来看，此阶段是项目成本形成的主要阶段；从税收管理来看，此阶段的成本对象的设置、开发成本的归集是税收管理的重要内容。

由于项目成本主要在此阶段形成，因此成本核算是否准确及时、成本划分是否准确、相关证据链条是否完备，将影响项目清算时开发成本金额的确认，对项目税负产生影响。

土地增值税以"三分法"为基础，分别计算普通住宅、非普通住宅和非住宅三种业态的增值率及应交土地增值税的金额。在成本核算上，共同成本分摊方法的不同，影响到不同开发产品的单方成本，进而影响土地增值税清算的结果。

对共同成本的处理，企业所得税和土地增值税也不尽相同。比如，国税发2009年31号文第三十三条规定："……利用地下基础设施形成的停车场所，作为公共配套设施进行处理。"而公共配套设施的成本是按一定规则分摊至可售产品的成本中的，故在房地产开发企业的企业所得税处理中，地下车位（非可售部分）的成本不需预留，直接在可售产品中摊销。而从土地增值税来看，国税发2006年187号文规定："房地产开发企业开发建造的与清算项目配套的……停车场（库）……按以下原则处理：……建成后有偿转让的，应计算收入，并准予扣除成本、费用。"即：在土地增值税的处理中，如果地下车位在清算前已租售，那么车位的成本必须预留。

　　开发成本按成本对象归集好后，房地产开发企业应按一定方法将成本分摊至开发产品。常用的分摊方法是面积分摊法，所以我们需掌握房地产税收实操中涉及的各种面积的定义。

　　（1）占地面积是指房地产开发项目所在地块的总面积，以建设用地规划许可证上确定的用地面积及所附用地红线图为准。

　　（2）基底面积是指建筑物占有的土地面积，以建筑物底层在土地上的垂直投影面积为准。

　　（3）总建筑面积是建筑物各层水平面积的总和，反映项目的建设规模。总建筑面积以建设工程规划许可证上确定的面积为准。

　　（4）可售面积与不可售面积。可售面积是可对外销售的开发产品的建筑面积，以商品房预售许可证上确定的面积为准。不可售面积是总建筑面积中不可对外销售部分的建筑面积，如地下人防设施、非营利性公共配套设施（物管用房、自行车库、公厕、儿童游乐设施等）、架空层等的建筑面积。

　　（5）已售面积与未售面积。这两个面积是可售面积按产品是否销售进一步细分而成的。这样划分的主要目的是确定已售产品的成本并将之与销售收入进行配比，作为计缴企业所得税和土地增值税的依据。

　　综上所述，在开发建设阶段，税收实操的重点在于如何确定成本对象及如何进行成本分摊，从而匹配销售收入，进而为税收清算打下坚实的基础。本章重点讲解房地产开发成本的相关知识。

第二节　成本对象

　　成本对象是房地产开发企业为了归集和分配各类开发成本、开发费用而确定的成本费用承担对象。合理确定成本核算对象是税收实操的重要条件，因为土地增值税要求按普通住宅、非普通住宅及非住宅分别计算，所以成本对象的划分至少要满足土地增值税计算的要求。

一、成本对象划分方法

房地产开发项目的成本对象有高层住宅、多层洋房、独栋别墅、联排别墅、双拼别墅、底商、独立商业、车位等。成本对象的划分既要满足企业成本管理、经营分析的需要，也要满足税收管理的需要，因此，成本对象的划分需要遵循一定的原则。

（1）以分期来划分。如果房地产开发项目分为多期开发，那么可将在同一期开发的产品结构类型相似的产品确认为一个成本对象。比如，将同期开发的 20 层、30 层的高层楼房设定为一个成本对象，而另一期开发的高层楼房设定为另一个成本对象。

（2）以可否销售来划分。成本对象应将房地产开发产品中能对外销售的与不能对外销售的分开。可对外销售的开发产品，应单独作为成本对象；不能对外销售的开发产品，可先作为中间成本对象进行过渡性归集，归集完后其成本需分摊计入可销售的成本对象中。

（3）以产品分类来划分。同一期开发的竣工时间相近、产品结构类似的产品可确认为同一个成本对象。比如，同期开发的所有高层产品可以设置为一个成本对象，而同期开发的别墅产品可以设置为另一个成本对象。

（4）以产品功能来划分。房地产项目中某些产品相对独立，当使用功能不同时，可确认为一个成本对象。比如，项目建设幼儿园，其功能与住宅有明显差异，使用功能不同，应单独设置为成本对象。

（5）以产品定价、成本来划分。开发产品因其产品类型或功能不同，其建造成本、售价等有较大差异，因而需将其确认为不同的成本对象，如住宅与商铺、高层住宅与别墅等。

（6）以权益受益对象来划分。房地产开发企业应将代建的产品、合作开发的产品与自建自营的产品分开，分别设置成本对象。

成本对象划分越细，成本核算工作量越大，管理成本越高，因此，成本对象划分的颗粒度还要考虑经济性因素，遵循成本效益原则。

二、成本对象设置方法

根据以上成本对象划分方法，结合税收法规的相关要求，在税收实操中，一般按以下方法设置成本对象。

1. 项目分期

国税发 2006 年 187 号文规定："土地增值税以国家有关部门审批的房地产开发项目为单位进行清算，对于分期开发的项目，以分期项目为单位清算。"房地产开发项目在开发阶段取得的政府发放的证照主要有不动产权证、建设用地规划许可证、建设工程规划许可证、建设工程施工许可证及商品房预售许可证。在这些证照中，税务机关用于确定项目分期的证照主要是建设工程规划许可证和建设工程施工许可证。

一般来说，同一个不动产权证可以办理多个建设工程规划许可证，同一个建设工程规划许可证可以办理多个建设工程施工许可证。不同的项目分期对土地增值税的清算结果有不同的影响，因此，房地产开发企业需要根据当地税务机关对项目分期的要求，结合项目规划设计、税收分析，以税负最优为目标，正确划分项目分期。

2. 同一期项目成本对象的设置

同一个房地产开发项目内如有住宅、公寓、写字楼、商业、可售车位等不同功能的，应按功能分别设置成本对象。

如果住宅有普通住宅与非普通住宅，还需进一步将住宅划分为普通住宅（如高层）和非普通住宅（如别墅）。

关于普通住宅的规定，国办发〔2005〕26 号《国务院办公厅转发建设部等部门关于做好稳定住房价格工作意见的通知》规定："享受优惠政策的住房原则上应同时满足以下条件：住宅小区建筑容积率在 1.0 以上、单套建筑面积在 120 平方米以下、实际成交价格低于同级别土地上住房平均交易价格 1.2 倍以下。各省、自治区、直辖市……允许单套建筑面积和价格标准……向上浮动的比例不得超过上述标准的 20%。"因此，普通住宅的标准各地不一致，如成都市规定普通住房标准必须同时满足以下条件：住宅小区建筑容积率在

1.0 以上（含 1.0），单套建筑面积在 144 平方米以下（含 144 平方米），实际成交价格低于公布的同一范围土地上住房平均交易价格 1.4 倍以下。

3. 配套设施

如果开发项目中某些配套设施有单独的施工预算，那么这部分配套设施应单独设置为成本对象。如果配套设施只为一个单体开发项目服务，那么其成本应直接摊入项目成本中，可不单独设置为成本对象。

4. 学校、幼儿园等教育及其他设施

学校、幼儿园等教育设施多为政府在土地规划条件中明确要求建造的，如果此部分设施是有偿移交政府或房地产开发企业拥有产权的，那么此部分应单独设置为成本对象。如果此部分是无偿移交政府或产权归全体业主的，那么应作为公共配套设施，可不用单独设置为成本对象。

5. 会所及售楼部

房地产开发企业保留可售的会所、售楼部产权的，应将其单独设置为成本对象。

如果此部分的所有权归属全体业主，那么应作为公共配套设施，可不用单独设置成本对象。

6. 实体样板房

房地产开发企业在项目销售过程中，为了提升客户体验，促进项目销售，在已建成的建筑产品中选取部分房屋按生活场景进行精装修，这样的房屋就是实体样板房。由于实体样板房进行了软硬装修，其建造成本与其他产品不一样，其销售价格也会有较大差异，应单独设置为成本对象。

7. 车位

可售的车位应单独设置为成本对象，主要包括计入容积率的地上车库。地下车位、半地下车位、机械车位及人防车位等，如果根据项目所在地政策有产权可对外销售的，那么应单独设置为成本对象；如果不能办理不动产权证，那么应作为公共配套设施，可不单独设置为成本对象。

第三节　成本项目

成本项目就是成本科目，是对项目开发成本构成的分类。

一、成本项目主要内容

房地产的成本项目主要有以下几类。

1. 土地成本

土地成本主要包括以下两类。

（1）土地价款，主要包括房地产开发企业为获取土地支付的土地出让金、土地变更用途补交的土地款、土地转让款、拆迁补偿费，缴纳的契税、耕地占用税等。

（2）其他土地成本，主要包括企业支付的交易服务费、土地拍卖服务费、市政配套费等。

2. 前期工程费

房地产开发企业在获取土地后，需为取得项目开发、销售所需的各类证照而进行规划设计等工作，在此阶段需支付各类直接费用和中介咨询费用等。前期工程费的主要内容有以下几项。

（1）报批报建费，即项目在取得政府各类证照时需按规定向政府有关部门缴纳相关费用，如人防工程异地建设费、白蚁防治费、招投标管理费等。

（2）规划设计费，主要包括方案费、详规编制费、扩初设计费、勘察费、审图费、可行性研究费、制图晒图费、规划设计模型制作费、方案评审费等。

（3）勘测丈量费，主要包括水文、地质、文物和地基勘察费，沉降观测费，日照测试费，建筑面积测量费等。

（4）"三通一平"费，主要包括场地平整费、土方外运或回填费、临时用水用电费等。

（5）临时设施费，主要包括临时办公室搭建费、临时场地占用费、临时借用空地租费，以及沿红线周围设置的临时围墙、围栏等费用。

（6）其他费用，主要是项目开发前期发生的各类鉴定、咨询费用。

3. 基础设施费

基础设施费主要包括规划红线内各类必备的配套设施的建设费用，如道路、供电、供水、供气、供热、排污、排洪、通信、照明、绿化等。

4. 建筑安装工程费

建筑安装工程费主要包括项目开发过程中发生的列入建筑安装工程施工图预算项目内的各类费用，如建筑结构工程费、电梯工程费、消防工程费、有线电视工程费、智能化工程费等。

5. 配套设施费

配套设施费主要包括设施产权及其收益权不属于开发商的公共配套设施支出，如为小区配套建设的学校、幼儿园、运动场所和游乐设施等。

6. 开发间接费

开发间接费主要包括直接参与项目建设的项目部成员的人工成本和为项目正常经营而发生的各类间接费用，如现场管理费用、利息及借款费用、物业管理基金、公建维修基金或其他专项基金、监理咨询费等。

二、企业所得税与土地增值税中成本项目的异同

国税发 2009 年 31 号文第二十七条规定，房地产开发产品计税成本主要包括土地征用费及拆迁补偿费、前期工程费、建筑安装工程费、基础设施建设费、公共配套设施费和开发间接费六项。

《土地增值税暂行条例实施细则》规定，计算增值额的扣除项目中的开发成本主要包括土地征用及拆迁补偿费、前期工程费、建筑安装工程费、基础设施费、公共配套设施费和开发间接费用。

从法规条文看，企业所得税和土地增值税对开发成本的表述基本一致，但一些成本项目的税收处理仍有不同。

1. 土地征用费及拆迁补偿费的差异

在企业所得税中，国税发 2009 年 31 号文第二十七条规定："土地征用费及拆迁补偿费。指为取得土地开发使用权（或开发权）而发生的各项费用，

主要包括土地买价或出让金、大市政配套费、契税、耕地占用税、土地使用费、土地闲置费、土地变更用途和超面积补交的地价及相关税费、拆迁补偿支出、安置及动迁支出、回迁房建造支出、农作物补偿费、危房补偿费等。"

在土地增值税中，《土地增值税暂行条例实施细则》第七条规定："土地征用及拆迁补偿费，包括土地征用费、耕地占用税、劳动力安置费及有关地上、地下附着物拆迁补偿的净支出、安置动迁用房支出等。"

从上述法规条文可以看出，此项在土地增值税中涵盖的内容少于企业所得税的内容，主要差别在于土地成本的相关支出。这是因为，土地增值税的扣除项目将土地成本的相关支出单列出来，作为"取得土地使用权所支付的金额"列示。

2. 前期工程费、建筑安装工程费、基础设施费的差异

对于前期工程费、建筑安装工程费、基础设施费，二者的税收处理是一致的，只是两个文件中对这三个成本项目的文字表述有所差异。

3. 公共配套设施费的差异

在企业所得税中，国税发 2009 年 31 号文规定："公共配套设施费：指开发项目内发生的、独立的、非营利性的，且产权属于全体业主的，或无偿赠与地方政府、政府公用事业单位的公共配套设施支出。"

在土地增值税中，《土地增值税暂行条例实施细则》规定："公共配套设施费，包括不能有偿转让的开发小区内公共配套设施发生的支出。"

由此可见，二者有明显的区别。企业所得税对此开发项目的限制条件更严，即必须是独立的、非营利性的，且产权属于全体业主的配套设施才能作为公共配套设施费进行企业所得税处理。而对于不符合上述条件的开发产品，如营利性的，或产权归企业所有的，或未明确产权归属的，或无偿赠与其他单位的，则应单独设置成本对象，单独核算其成本。

土地增值税则完全不同。土地增值税将所有配套设施的成本支出都作为公共配套设施的成本支出，只对不同的情况分别处理。国税发 2006 年 187 号文规定："房地产开发企业开发建造……公共设施，按以下原则处理：建成后产权属于全体业主所有的，其成本、费用可以扣除；建成后无偿移交给政府、公用事业单位用于非营利性社会公共事业的，其成本、费用可以扣除；建成后有偿转让的，应计算收入，并准予扣除成本、费用。"这表明，营利性的、产权归开发企业所有的公共配套设施的成本扣除要和收入相配比，如未实现销售的，其未售部分的成本需预留出来，不能扣除。

4. 开发间接费的差异

在企业所得税中，此成本项目是指企业为直接组织和管理开发项目所发生的，且不能将其归属于特定成本对象的成本费用性支出，主要包括管理人员工资、职工福利费、折旧费、修理费、办公费、水电费、劳动保护费、工程管理费、周转房摊销及项目营销设施建造费等。

在土地增值税中，此成本项目是指直接组织、管理开发项目所发生的费用，包括人员工资、职工福利费、折旧费、修理费、办公费、水电费、劳动保护费、周转房摊销等。

对比两税的相关规定，可以看到，企业所得税的内容比土地增值税的多了"工程管理费"和"项目营销设施建造费"。在土地增值税中，开发费用是采用"按率扣除"的方法计算得到的，而在企业所得税中，开发费用是采用"据实扣除"的方法计算得到的，所以，工程管理费是放到成本中还是费用中在税收效果上，对企业所得税来说是一样的，而对土地增值税来说则是有差异的。在土地增值税中，"工程管理费"是计入开发费用的，不在开发成本中列支。

对于项目营销设施建造费，如果房地产开发企业利用会所、商铺等永久性建筑物建设销售中心，销售期结束后，将销售中心恢复为会所、商铺等，此部分项目营销设施建造费实际已计入项目开发成本，在企业所得税和土地增值税中都可扣除。

如房地产开发企业是在项目红线外修建临时售楼部、样板房，销售完成后即撤除的，此类项目营销设施支出在销售费用中列支，不计入开发成本。

5. 预提费用和利息费用的差异

在企业所得税中，开发成本中可预提部分工程成本，计入应纳税所得额。国税发 2009 年 31 号文第三十二条规定可以预提的费用包括以下三项。

（1）出包工程未最终办理结算而未取得全额发票的，在证明资料充分的前提下，其发票不足金额可以预提，但最高不得超过合同总金额的 10%。

（2）公共配套设施尚未建造或尚未完工的，可按预算造价合理预提建造费用。此类公共配套设施必须符合已在售房合同、协议或广告、模型中明确承诺建造且不可撤销，或按照法律法规规定必须配套建造的条件。

（3）应向政府上交但尚未上交的报批报建费用、物业完善费用可以按规定预提。物业完善费用是指按规定应由企业承担的物业管理基金、公建维修基金或其他专项基金。

关于利息费用的处理，国税发 2009 年 31 号文第二十一条规定："企业为建造开发产品借入资金而发生的符合税收规定的借款费用，可按企业会计准则的规定进行归集和分配，其中属于财务费用性质的借款费用，可直接在税前扣除。"

在土地增值税中，预提费用不得扣除，利息费用要单独计算扣除。国税发 2006 年 187 号文第三条规定："房地产开发企业的预提费用，除另有规定外，不得扣除。"

对于利息费用，土地增值税将其作为财务费用扣除。《土地增值税暂行条例实施细则》规定："财务费用中的利息支出，凡能够按转让房地产项目计算分摊并提供金融机构证明的，允许据实扣除，但最高不能超过按商业银行同类同期贷款利率计算的金额。"

国税发〔2009〕91 号《国家税务总局关于印发〈土地增值税清算管理规程〉的通知》（以下简称"国税发 2009 年 91 号文"）第二十七条规定："审核利息支出时应当重点关注：（一）是否将利息支出从房地产开发成本中调整至开发费用……"

综上，在成本项目的税收实操中，我们既需要明确各成本项目的核算内容，也需要清楚了解不同成本项目在企业所得税和土地增值税处理上的异同，以正确处理相关的税收事项。

第四节　开发成本的分配与结转

房地产开发企业在设置好成本对象后，需按成本项目将开发成本归集到成本对象上。

对于直接成本，房地产开发企业应将其直接归集到受益的成本对象上；对于间接成本，房地产开发企业应先将其按成本项目进行归集，再采用一定的方法，将其分配至事先确定的成本对象上。

一、成本对象化实操指引

成本对象化是按受益原则将开发成本归集到特定的成本对象上，实现成本核算与管理的精细化。从税收实操来看，实施成本对象化主要是从土地增值税的税负水平考虑，其主要目的是通过开发成本的精细化核算，实现不同成本对象开发成本的合理归集与分配，从而实现税收目标。

房地产项目属于下列情况的，房地产开发企业可进行成本对象化工作。

（1）住宅销售价格较高，初步测算普通住宅土地增值税的增值率超过20%，无法达到免税条件时，房地产开发企业可进行成本对象化工作。

（2）项目各产品的销售进度差异较大（如商业销售速度较快，车位销售速度较慢），在非住宅产品的销售进度无法匹配时，房地产开发企业可进行成本对象化工作。

（3）开发项目物业类型较多，不同产品（如独栋别墅、联排别墅、商业、高层等）售价和成本差异较大，房地产开发企业若采用按可售面积分摊开发成本的方法，会造成单价较高的产品分摊的总成本较小，虚增此类产品的增值额，多缴纳土地增值税。此时，房地产开发企业可进行成本对象化工作。

房地产项目属于以下情况的，房地产开发企业可不进行成本对象化工作。

（1）项目开发规模不大，仅有少量底层商业，只需要销售一部分车位就可实现非住宅类产品的增值额为零（车位和商业合并计算土地增值税的增值额），则不用进行成本对象化工作。

（2）房地产开发企业准备自持商业，不用进行成本对象化工作。

（3）开发项目的普通住宅增值率低于20%，可享受税收优惠政策，不缴纳土地增值税；商业和车位的销售进度匹配，商业的高增值与车位的负增值可以互相抵销，使非住宅产品的增值额为零，则项目不用做成本对象化。

房地产开发企业要成功开展成本对象化工作，需要成本部门、财务部门、营销部门、开发报建部门及总包单位等多部门联动，各司其职。

成本部门主要完成开发成本金额的动态更新；对财务部门提供的成本对象化分摊金额按成本项目逐一复核，复核内容包括不限于：工程合同的受益对象是否正确，按受益对象分摊的成本总额和单方成本是否准确、完整等。

财务部门主要按受益原则编制成本对象的成本分摊表；按确定的成本对象，在账务系统中设置辅助核算对象，对每笔成本入账凭证，均按确定的分摊方法将成本项目计入成本对象，并将成本分摊表作为凭证附件装订、保留完整。

营销部门主要完成销售数据的动态更新，对已售部分数据据实更新、对未售部分按市场情况定期预测销售金额，为财务部门及时测算各成本对象土地增值税增值率提供支撑。

开发报建部门应及时提供开发项目的各成本对象建筑面积的预测绘报告和实测绘报告；确定某些特殊产品在项目所在地是否可售的政策依据等。

财务部门是开展成本对象化工作的核心部门，其在开展此项工作时，应在确定了成本对象、设置好成本项目后，按以下步骤开展工作。

（1）梳理可进行成本对象化的工程项目，如门窗栏杆工程、公共部位装修、外立面装修、电梯工程、燃气工程、电视光纤工程、信报箱工程等。

（2）按受益对象原则，确定成本项目在各成本对象之间的分配方法和标准。

（3）在签订工程合同时，合同中需明确工程范围、受益成本对象及相应的金额。

（4）在支付工程款时，成本部门需明确每笔工程款在成本对象中的相应金额；财务部门在处理账务时，需按成本对象进行辅助核算。

（5）编制开发产品成本计算表，计算各成本对象的开发产品总成本。

（6）正确划分已完工和在建开发产品之间的开发成本，分别结转完工开发产品成本。

（7）依据测绘报告上确定的可售面积，准确计算各成本对象的单方成本，正确结转完工开发产品的销售成本。

（8）根据成本对象化的管理要求，编制成本结转表，反映各成本对象的总体成本情况。

特别说明：房地产开发企业主要是从税收上考虑是否进行成本对象化工作，但各地税务机关在土地增值税清算时对此是否认可，或项目所在地是否有成功的先例，是成本对象化能否落地的关键。因此，房地产开发企业在进行成本对象化工作前，应充分了解项目所在地税务机关对此方法的政策执行口径。

二、成本分配实操指引

房地产开发企业按成本项目归集开发成本后，需将归集的成本总额分配到各个开发产品中。成本分配的工作，通常在项目竣工备案并已将开发产品交付给业主后进行。此时，项目虽已竣工备案，但总包合同及部分分包合同、维修整改工程尚未全部完成或结算，所以为了保证开发成本的完整性，在正式分配开发成本前，房地产开发企业应预提开发成本。

1. 预提开发成本

房地产开发企业需预提的开发成本主要有以下几类。

（1）建筑安装工程成本。成本部门根据项目整体成本预算、当期动态成本等，预估开发项目的建筑安装工程成本总额。

（2）配套设施费。如交付项目应建配套设施尚未完工或结算，或者项目分期开发的，应建配套设施在后续分期建设，交付项目未建设的，成本部门应根据成本预算预估配套设施费总额。营利性的配套设施不预提。

（3）报批报建费。开发报建部门应预估应缴未缴的报批报建费用、物业费用等。

财务部门根据业务部门预估的各类项目成本总额，扣除账务系统中已入账的成本金额，将差额预提计入账务系统。

国税发 2009 年 31 号文第三十二条对企业所得税中认可的预提费用进行了明确约定，详见本章第三节相关内容。

2. 成本分配

房地产开发企业预提成本，在成本数据完整有效后，就可以进行成本分配了。关于成本分配的方法，国税发 2009 年 31 号文第二十九条、第三十条进行了详细规定。

房地产开发企业开发产品的共同成本和不能分清负担对象的间接成本，应按受益的原则和配比的原则分配至各成本对象，具体分配方法可按以下规定选择其一。

（1）占地面积法。

占地面积法，即按已动工开发成本对象占地面积占开发用地总面积的比例进行分配。

一次性开发的，按某一成本对象占地面积占全部成本对象占地总面积的比例进行分配。

分期开发的，首先按本期全部成本对象占地面积占开发用地总面积的比例进行分配，然后再按某一成本对象占地面积占期内全部成本对象占地总面积的比例进行分配。

期内全部成本对象应负担的占地面积为期内开发用地占地面积减除应由各期成本对象共同负担的占地面积。

（2）建筑面积法。

建筑面积法，即按已动工开发成本对象建筑面积占开发用地总建筑面积的比例进行分配。

一次性开发的，按某一成本对象建筑面积占全部成本对象建筑面积的比例进行分配。

分期开发的，首先按期内成本对象建筑面积占开发用地计划建筑面积的比例进行分配，然后再按某一成本对象建筑面积占期内成本对象总建筑面积的比例进行分配。

（3）直接成本法。

直接成本法，即按期内某一成本对象的直接开发成本占期内全部成本对象直接开发成本的比例进行分配。

（4）预算造价法。

预算造价法，即按期内某一成本对象预算造价占期内全部成本对象预算造价的比例进行分配。

以上是税务机关认可的四种分配方法，但不同的成本项目应采用不同的分配方法。

（1）土地成本一般按占地面积法进行分配。如果确需结合其他方法进行分配的，应商税务机关同意。

土地开发同时联结房地产开发的，属于一次性取得土地分期开发房地产的情况，其土地开发成本经商税务机关同意后可先按土地整体预算成本进行分配，待土地整体开发完毕再行调整。

（2）单独作为过渡性成本对象核算的公共配套设施开发成本，应按建筑面积法进行分配。

（3）借款费用属于不同成本对象共同负担的，按直接成本法或按预算造价法进行分配。

（4）其他成本项目的分配方法由房地产开发企业自行确定，一般采用建筑面积法。

例5-1：川哲公司获取一块土地，建设川哲时光项目，占地面积为66 700平方米，土地成本（含契税等）为15 000万元。项目按政府规划需修建一个建筑面积为5 000平方米的幼儿园，幼儿园用地不占用项目土地。项目分两期开发，一期占地面积为40 020平方米，二期占地面积为26 680平方米，幼儿园与二期项目一并建设。二期尚未动工，基础技术指标还未确定。一期项目的基础技术指标如表5-1所示。

表 5-1　一期项目的基础技术指标

项目	一期（平方米）				二期
	小计	高层	商业	车位	（平方米）
占地面积	40 020	—	—	—	26 680
可售面积	145 016	103 096	8 960	32 960	—
一期成本数据					
序号	成本项目	动态成本（万元）		财务账载成本（万元）	
1	土地成本	9 000		9 000	
2	前期工程费	4 000		3 000	
3	基础设施费	6 000		5 500	
4	建安工程费	36 000		32 000	
5	配套设施费	8 000		7 800	
6	开发间接费	5 000		4 900	
合计		68 000		62 200	

首先，财务账载成本与预估的动态成本不一致，房地产开发企业应预提成本，将差额计提入账载的开发成本，然后再进行成本分配。

我们先从土地成本开始分配，一期、二期土地成本按占地面积法分配。

$$一期土地成本分配额 = 15\,000 \times \frac{40\,020}{40\,020 + 26\,680} = 9\,000（万元）$$

一期高层、商业应按建筑面积法分配土地成本。车位属于地下建筑物，一般不分配土地成本，除非企业按项目所在地政府法规要求缴纳了地下空间使用费。

$$一期高层应分配土地成本 = 9\,000 \times \frac{103\,096}{103\,096 + 8\,960} = 8\,280.36（万元）$$

$$一期商业应分配土地成本 = 9\,000 \times \frac{8\,960}{103\,096 + 8\,960} = 719.64（万元）$$

分配了土地成本后，我们接着分配前期工程费，分配方法采用建筑面积法。

$$一期高层应分配前期工程费 = 4\,000 \times \frac{103\,096}{145\,016} = 2\,843.71（万元）$$

$$一期商业应分配前期工程费 = 4\,000 \times \frac{8\,960}{145\,016} = 247.15（万元）$$

$$一期车位应分配前期工程费 = 4\,000 \times \frac{32\,960}{145\,016} = 909.14（万元）$$

基础设施费、建安工程费、配套设施费及开发间接费的分配方法与前期工程费一致。所有成本项目分配完成后，我们就得到一期开发成本分配表，具体如表 5-2 所示。

表 5–2　一期开发成本分配表

序号	成本项目	成本总额	高层	商业	车位
1	土地成本（万元）	9 000	8 280.36	719.64	0.00
2	前期工程费（万元）	4 000	2 843.71	247.15	909.14
3	基础设施费（万元）	6 000	4 265.57	370.72	1 363.71
4	建安工程费（万元）	36 000	25 593.42	2 224.31	8 182.27
5	配套设施费（万元）	8 000	5 687.43	494.29	1 818.28
6	开发间接费（万元）	5 000	3 554.64	308.93	1 136.43
	合计	68 000	50 225.13	4 365.04	13 409.83
	单方成本（元 / 平方米）	4 689.14	4 871.69	4 871.69	4 068.52

一期开发成本分配完成后，我们就能得到各个产品的单方成本，这是做成本结转的基础。

三、成本结转实操指引

成本结转是开发项目竣工备案交付后，达到收入结转条件时，在将预收账款结转到主营业务收入的同时，将开发成本结转到主营业务成本或产成品的过程。其实质是将开发成本在已售产品和未售产品之间进行分配。

成本结转的步骤如下。

（1）确定可以结转收入的客户名称、房号、预测面积、实测面积、商品房销售合同金额、实收房款金额等信息。根据企业会计准则，房地产开发企业确认收入的条件是：

①客户已签订商品房销售合同且按合同交齐房款（含银行按揭款、公积金贷款）；

②商品房已达到交付条件，项目已完成竣工备案合格手续，已取得建设工程竣工备案证、商品房面积测绘报告；

③房地产开发企业已按商品房销售合同的约定通知客户交房，并取得客户验收的相关手续。

（2）根据结转收入的客户名单和商品房测绘报告，确定各类已售产品应结转成本的面积。

（3）各类产品应结转成本的面积和相应产品的单方成本的乘积就是应结转成本的金额。

例 5-2：沿用例 5-1 的数据，假设一期项目交付时，各类产品符合结转条件的实测面积分别为高层 90 000 平方米、商业 2 000 平方米、车位 16 000 平方米，则各产品应结转的成本分别如下。

一期高层结转成本 = 90 000 × 4 871.69 = 438 452 100（元）= 43 845.21（万元）

一期商业结转成本 = 2 000 × 4 871.69 = 9 743 380（元）= 974.34（万元）

一期车位结转成本 = 16 000 × 4 068.52 = 65 096 320（元）= 6 509.63（万元）

第五节　资金、利息及费用处理实操指引

房地产行业是资金密集型行业，项目开发资金充裕、能满足项目开发经营的需要，是项目成功的关键，所以资金管理一直是房地产开发企业经营工作的核心之一。企业经营的资金来源无非两个：股东投入和借款费用。下面分别说明这两种资金来源的税收实操，并对费用的税收实操进行介绍。

一、股东投入的税收实操

房地产开发企业的股东投入资金开发项目，不涉及税收处理。如果股东投入的资源是土地或在建工程，那么需缴纳增值税及附加、土地增值税（投资方或被投资方任一方为房地产开发企业时适用）、企业所得税及印花税，具体税收实操参照第四章第二节"土地作价入股的税收实操"。

房地产开发企业向其股东分红，股东的涉税处理需根据股东身份而定。

（1）股东为境内法人单位的，其分得的股利免征企业所得税。

《企业所得税法》第二十六条规定：符合条件的居民企业之间的股息、红利等权益性投资收益为免税收入。

（2）股东为境内自然人的，其分得的股利应缴纳个人所得税，由分配股利的房地产开发企业代扣代缴个人所得税。

《中华人民共和国个人所得税法》第十二条规定："纳税人取得利息、股息、红利所得……，按月或者按次计算个人所得税，有扣缴义务人的，由扣缴义务人按月或者按次代扣代缴税款。"

（3）股东为境外法人股东的，由房地产开发企业按 10% 的税率代扣代缴企业所得税。

国税函〔2009〕47 号《国家税务总局关于中国居民企业向 QFII 支付股息、红利、利息代扣代缴企业所得税有关问题的通知》规定："QFII 取得来源于中国境内的股息、红利和利息收入，应当按照企业所得税法规定缴纳 10% 的企业所得税。如果是股息、红利，则由派发股息、红利的企业代扣代缴。"

《企业所得税法》第四条规定，非居民企业取得来源于境内的所得缴纳企业所得税，税率为 20%。非居民企业取得《企业所得税法》第二十七条第（五）项规定的所得，减按 10% 的税率征收企业所得税。《企业所得税法》第三十七条规定，对非居民企业取得的所得应缴纳的所得税实行源泉扣缴，以支付人为扣缴义务人。

财税〔2018〕102 号《财政部 国家发展和改革委员会 国家税务总局 商务部关于扩大境外投资者以分配利润直接投资暂不征收预提所得税政策适用

范围的通知》规定，符合条件的境外投资人以分配利润再投资的，可暂不征10% 的预提所得税。

（4）股东为境外自然人的，其分得的股利免征个人所得税。

财税字〔1994〕20 号《财政部 国家税务总局关于个人所得税若干政策问题的通知》规定：外籍个人从外商投资企业取得的股息、红利所得暂免征收个人所得税。

二、借款费用的税收实操

房地产开发企业的借款主要是向金融机构的借款，也有向非金融机构、个人或关联方的借款。不同的借款对象的税收处理不一样。

1. 向金融机构支付的借款费用的税收处理

国税发 2009 年 31 号文第二十一条规定："企业为建造开发产品借入资金而发生的符合税收规定的借款费用，可按企业会计准则的规定进行归集和分配，其中属于财务费用性质的借款费用，可直接在税前扣除。"

即，房地产开发企业向金融机构借款支付的利息可在税前扣除。但利息支出应计入"开发成本"的"开发间接费"直接资本化，还是应计入"财务费用"，对企业所得税各年度的汇算清缴金额影响很大。

《企业会计准则第 17 号——借款费用》第五条规定了借款费用资本化的条件。

（1）资产支出已经发生，资产支出包括为购建或者生产符合资本化条件的资产而以支付现金、转移非现金资产或者承担带息债务形式发生的支出；

（2）借款费用已经发生；

（3）为使资产达到预定可使用或者可销售状态所必要的购建或者生产活动已经开始。

因此，房地产开发企业的借款费用符合上述三个条件时，应将借款费用资本化，不能计入"财务费用"而人为调节各年度企业所得税汇缴清缴的结果。

2. 向非关联的第三方企业支付的借款费用的税收处理

国家税务总局公告 2011 年第 34 号《国家税务总局关于企业所得税若干问题的公告》（以下简称"总局 2011 年第 34 号公告"）规定："根据《实施条例》第三十八条规定，非金融企业向非金融企业借款的利息支出，不超过按照金融企业同期同类贷款利率计算的数额的部分，准予税前扣除。鉴于目前我国对金融企业利率要求的具体情况，企业在按照合同要求首次支付利息并进行税前扣除时，应提供'金融企业的同期同类贷款利率情况说明'，以证明其利息支出的合理性。

"'金融企业的同期同类贷款利率情况说明'中，应包括在签订该借款合同当时，本省任何一家金融企业提供同期同类贷款利率情况。该金融企业应为经政府有关部门批准成立的可以从事贷款业务的企业，包括银行、财务公司、信托公司等金融机构。'同期同类贷款利率'是指在贷款期限、贷款金额、贷款担保以及企业信誉等条件基本相同下，金融企业提供贷款的利率。既可以是金融企业公布的同期同类平均利率，也可以是金融企业对某些企业提供的实际贷款利率。"

对于"金融企业同期同类贷款利率"的认定，四川省税务局在 2019 年答复省十二届政协二次会议第 0475 号提案的函中指出，企业可以通过努力寻找本省范围内更多的样本，选择最有利于自己的最高利率作为同期同类贷款利率，从而实现最多的税前扣除。值得注意的是，总局 2011 年第 34 号公告要求提供的"情况说明"并不必然是金融机构或其他第三方提供的具有法律效力的证明材料，可以是企业通过公开渠道获取的信息或私下收集的材料，包括网页截图、金融机构对其他企业的贷款合同复印件等非正式材料。

因此，房地产开发企业向非关联的第三方企业借款而支付的借款费用在取得相关资料充分证明利息支出的合理性的情况下，可以税前扣除。

3. 向关联方支付的借款费用的税收处理

财税〔2008〕121 号《财政部 国家税务总局关于企业关联方利息支出税前扣除标准有关税收政策问题的通知》（以下简称"财税 2008 年 121 号文"）规定："……企业实际支付给关联方的利息支出，不超过以下规定比例和税法及其实施条例有关规定计算的部分，准予扣除，超过的部分不得在发生当期和以后年度扣除。……其接受关联方债权性投资与其权益性投资比例为：……其他企业2∶1"；

同时又规定："企业如果能够按照税法及其实施条例的有关规定提供相关资料，并证明相关交易活动符合独立交易原则的；或者该企业的实际税负不高于境内关联方的，其实际支付给境内关联方的利息支出，在计算应纳税所得额时准予扣除。"

即，房地产开发企业向关联方借款而支付的借款费用如有资料证明其交易符合独立交易原则的，可全额扣除；否则，只能按其接受的债权性投资（包括关联方以各种形式提供担保的债权性投资）占其接受的权益性投资的比例计算扣除。

4. 统借统还的利息费用的税收处理

房地产开发企业集团中由集团公司或某家核心成员企业对外借款，取得借款后分配给多家成员企业使用的行为，在税法上被称为统借统还业务。

从增值税来看，财税2016年36号文附件3规定，统借统还业务中，企业集团或企业集团中的核心企业（一般是指集团中的母公司）以及集团所属财务公司，按不高于支付给金融机构的借款利率水平或者支付的债券票面利率水平，向企业集团或者集团内下属单位收取的利息，免征增值税；否则应全额征收增值税。

即，企业集团从事统借统还业务，按借入利率向成员企业收取利息，不缴增值税；如超过借款利率收取利息，则应按收取的利息全额缴纳增值税。

从企业所得税来看，房地产开发企业应按财税2008年121号文的相关规定执行。关联方债权性投资与其权益性投资比例不超过2∶1部分的借款利息可以在企业所得税前扣除。

5. 支付给个人的利息费用的税收处理

国税函〔2009〕777号《国家税务总局关于企业向自然人借款的利息支出企业所得税税前扣除问题的通知》（以下简称"国税函2009年777号文"）规定，企业向股东或其他与企业有关联关系的自然人借款的利息支出，应按财税 2008 年 121 号文规定的债权性投资和权益性投资的比例计算扣除。

对于企业向无关联关系的第三方个人借款而支付的利息，国税函 2009 年 777 号文规定符合以下条件的，其利息支出在不超过按照金融企业同期同类贷款利率计算的数额的部分可以税前扣除：

（1）企业与个人之间的借贷是真实、合法、有效的，并且不具有非法集资目的或其他违反法律、法规的行为；

（2）企业与个人之间签订了借款合同。

6. 企业在资本金未到位时取得借款利息扣除问题

国税函〔2009〕312 号《国家税务总局关于企业投资者投资未到位而发生的利息支出企业所得税前扣除问题的批复》规定："凡企业投资者在规定期限内未缴足其应缴资本额的，该企业对外借款所发生的利息，相当于投资者实缴资本额与在规定期限内应缴资本额的差额应计付的利息，其不属于企业合理的支出，应由企业投资者负担，不得在计算企业应纳税所得额时扣除。"

即，资本金未到位时的利息支出，在税法上被认定为非合理的经营支出，被视为股东个人对外借款再投入企业，因此，应由企业投资者负担，不得在税前扣除。

在注册资本认缴制下，企业未到认缴期限而未缴足其认缴资本额的不属于投资未到位，在认缴期限前发生的利息支出可以税前扣除；如已到认缴期，企业股东仍未投入或未缴足股本，在此期间发生的借款利息则不能税前扣除。

7. 超期利息的土地增值税收处理

财税 1995 年 48 号文规定："对于超过贷款期限的利息部分和加罚的利息不允许扣除。"这与企业所得税的处理不同。

三、费用的税收实操

关于房地产开发企业在生产经营中发生的管理费用、销售费用的企业所得税税前扣除标准与要求，税收法规进行了明确规定，下面分别介绍。

1. 工资薪金支出与福利费支出

房地产开发企业应正确划分工资薪金支出与福利费支出，合理的工资薪金支出可以扣除。关于"合理"的判定，国税函〔2009〕3号《国家税务总局关于企业工资薪金及职工福利费扣除问题的通知》规定："……'合理工资薪金'，是指企业按照股东大会、董事会、薪酬委员会或相关管理机构制订的工资薪金制度规定实际发放给员工的工资薪金。税务机关在对工资薪金进行合理性确认时，可按以下原则掌握：

"（一）企业制订了较为规范的员工工资薪金制度；

"（二）企业所制订的工资薪金制度符合行业及地区水平；

"（三）企业在一定时期所发放的工资薪金是相对固定的，工资薪金的调整是有序进行的；

"（四）企业对实际发放的工资薪金，已依法履行了代扣代缴个人所得税义务；

"（五）有关工资薪金的安排，不以减少或逃避税款为目的。"

福利费支出主要包括员工因公外地就医费用、医疗补贴、供暖费补贴、职工防暑降温费、职工困难补贴、救济费、餐费补贴、职工交通补贴、丧葬补助费、抚恤费、安家费、探亲假路费等。福利费支出不超过工资薪金总额14%的部分，准予扣除；超过部分则不能扣除。

2. 职工教育费与工会经费

企业发生的职工教育经费支出，不超过工资薪金总额2.5%的部分，准予扣除；超过部分，准予在以后纳税年度结转扣除。

工会经费支出，不超过工资薪金总额2%的部分，准予扣除；超过部分，不能扣除。税务机关代收工会经费的，企业凭工会经费代收凭据在税前扣除。

3. 业务招待费、广告费和业务宣传费

房地产开发企业发生的与生产经营活动有关的业务招待费支出，按照发生额的60%扣除，但最高不得超过当年销售收入的5‰。

广告费和业务宣传费支出，不超过当年销售收入15%的部分，准予扣除；超过部分，准予在以后纳税年度结转扣除。

销售收入包含预售收入，但在项目收入结转时，已作为计提基数的预售收入不能重复计提。

4. 手续费及佣金

房地产开发企业发生与生产经营有关的手续费及佣金支出，按与中介公司签订的中介合同确认的收入金额的 5% 计算限额。

企业委托境外机构销售开发产品的，其支付境外机构的销售费用不超过委托销售收入 10% 的部分，准予据实扣除。

5. 员工服饰费用支出

企业为员工、置业顾问等统一制作的工作服饰费用，可以税前扣除。（总局 2011 年第 34 号公告）

6. 子公司向母公司支付费用

子公司向母公司支付服务费用，双方应签订服务合同或协议，明确规定提供服务的内容、收费标准及金额等，母公司作为营业收入申报纳税；子公司作为成本费用在税前扣除。

母公司以管理费形式向子公司提取费用，子公司因此支付给母公司的管理费，不得在税前扣除。（国税发〔2008〕86 号《国家税务总局关于母子公司间提供服务支付费用有关企业所得税处理问题的通知》）

第六章

销售阶段的税收实操指引

我国于 1994 年颁布了《城市房地产管理法》(后于 2007 年、2009 年和 2019 年进行了三次修订),建立了商品房预售制度。房地产开发企业新建商品房达到预售条件后可对外销售,此时,房地产税收实操就进入销售阶段了。

本章主要涉及的知识点有:

- 不同税种收入确认的税收实操;
- 各种销售方式的税收实操。

第一节　销售阶段税收管理概述

如果开发建设阶段是开发项目成本形成的主要阶段，那么销售阶段就是开发项目收入实现的主要阶段。这两个阶段，一个支，另一个收，影响开发项目的税负水平，亦是房地产开发企业税收实操的关键阶段。

在销售阶段，房地产开发企业首先需明确增值税、企业所得税和土地增值税这三大税种关于收入实现的时间要求，收入实现时间决定了企业纳税义务发生时间。

同时，房地产开发企业还需要清晰了解三大税种对视同销售的要求。房地产开发企业在经营过程中，有许多行为不属于常规的销售行为，如以房屋对外投资、将房屋分配给股东或奖励给员工等，这些行为在三大税种中是如何界定的，应如何计算税收，也是企业需要重点关注的，否则，会增加企业的税收风险。

另外，房地产开发企业为了实现销售目标，会采用多种销售方式（如"买赠"行为、精装修等）。不同的销售方式的涉税处理各有不同，准确把握不同销售方式的税收处理，也是此阶段税收管理的重难点。

因此，本章主要从上述几个方面讲述房地产开发企业在销售阶段的税收实操，为后续税收清算、税收风险管理打下坚实的基础。

第二节　收入确认的税收实操

对房地产开发企业来说，税法对收入实现的要求与企业会计准则的要求差异很大。企业会计准则从权责发生制的角度对收入实现进行规范，而税法从收付实现制的角度提出要求，收入实现了才产生纳税义务。因此，我们在确认收入的税收实操中要非常熟悉不同税种对收入实现的要求，正确确定纳税义务发生时间。

一、三大税种中收入实现时间的异同

1. 增值税

总局 2016 年第 18 号公告第十四条规定："一般纳税人销售自行开发的房地产项目……应按照《营业税改征增值税试点实施办法》（财税〔2016〕36 号文件印发，以下简称《试点实施办法》）第四十五条规定的纳税义务发生时间，……向主管国税机关申报纳税。"

财税 2016 年 36 号文第四十五条规定："增值税纳税义务、扣缴义务发生时间为纳税人发生应税行为并收讫销售款项或者取得索取销售款项凭据的当天；先开具发票的，为开具发票的当天。"

即，增值税的收入实现时间是以收取销售款项（凭据）或开具发票的时间来确定的。

2. 企业所得税

国税发 2009 年 31 号文第六条规定，企业通过正式签订《房地产销售合同》或《房地产预售合同》所取得的收入，应确认为销售收入的实现，具体按以下规定确认。

（1）采取一次性全额收款方式销售开发产品的，应于实际收讫价款或取得索取价款凭据（权利）之日，确认收入的实现。

（2）采取分期收款方式销售开发产品的，应按销售合同或协议约定的价款和付款日确认收入的实现。付款方提前付款的，在实际付款日确认收入的实现。

（3）采取银行按揭方式销售开发产品的，应按销售合同或协议约定的价款确定收入额，其首付款应于实际收到日确认收入的实现，余款在银行按揭贷款办理转账之日确认收入的实现。

（4）采取委托方式销售开发产品的，应按以下原则确认收入的实现……

即，企业所得税的收入实现与房地产开发企业的销售方式有关，基本要求是以收取或合同约定收取销售款的时间确认收入实现。其与增值税的差异在于增值税将开具发票也作为收入实现的条件，而企业所得税没有此要求。

3. 土地增值税

《土地增值税暂行条例》第十条规定："纳税人应当自转让房地产合同签订之日起 7 日内向房地产所在地主管税务机关办理纳税申报……"

即，土地增值税的收入实现是以房地产转让合同签认日期来确定的，与是否收取款项无关。这点与增值税和企业所得税的规定有很大的差异。

二、预缴增值税与预缴土地增值税的差异

在销售阶段，房地产开发企业预售商品房收取的销售款需要按税法规定预缴增值税和预缴土地增值税。虽说二者都需要"预缴"，但二者除了预缴税率和预缴税额的计算方法不一样外，在预缴范围上也有较大差异。

对于增值税，总局 2016 年第 18 号公告第十条规定："一般纳税人采取预收款方式销售自行开发的房地产项目，应在收到预收款时按照 3% 的预征率预缴增值税。"即，房地产开发企业采取预收款方式销售房屋，则要预缴增值税。

而在土地增值税中，《土地增值税暂行条例实施细则》第十六条规定："纳税人在项目全部竣工结算前转让房地产取得的收入，由于涉及成本确定或其他原因，而无法据以计算土地增值税的，可以预征土地增值税，待该项目全部竣工、办理结算后再进行清算，多退少补。"即，预缴土地增值税只在竣工结算之前，之后就应该据实计算缴纳土地增值税。

这里就存在如何区分"预售"和"现售"的问题了。《商品房销售管理办法》第三条规定："本办法所称商品房现售，是指房地产开发企业将竣工验收合格的商品房出售给买受人，并由买受人支付房价款的行为。本办法所称商品房预售，是指房地产开发企业将正在建设中的商品房预先出售给买受人，并由买受人支付定金或者房价款的行为。"

从法规条文来看，"预售"和"现售"的区别在于销售的产品是否竣工验收合格，在竣工验收合格之前销售的商品房属于"预售"，竣工验收合格之后

销售的则属于"现售"。

土地增值税是否预缴依据"预售"和"现售"来区分；而增值税不管"预售"还是"现售"，只要是采用预收款方式销售的，就要预缴。

三、视同销售收入的确认

房地产开发企业除了正常销售商品房外，还会将土地、在建工程等不动产对外投资、分配等，这些不动产虽未对外销售，但从税收角度看，企业取得了经济利益，应视同销售，确认收入，计缴税费。房地产开发企业的三大税种对视同销售的规定有所异同，下面分别讲述。

1. 增值税

《中华人民共和国增值税暂行条例实施细则》（以下简称《增值税暂行条例实施细则》）第四条规定了视同销售的八种情形：

（1）将货物交付其他单位或者个人代销；

（2）销售代销货物；

（3）设有两个以上机构并实行统一核算的纳税人，将货物从一个机构移送其他机构用于销售，但相关机构设在同一县（市）的除外；

（4）将自产或者委托加工的货物用于非增值税应税项目；

（5）将自产、委托加工的货物用于集体福利或者个人消费；

（6）将自产、委托加工或者购进的货物作为投资，提供给其他单位或者个体工商户；

（7）将自产、委托加工或者购进的货物分配给股东或者投资者；

（8）将自产、委托加工或者购进的货物无偿赠送其他单位或者个人。

对于不动产的视同销售，财税 2016 年 36 号文附件 1 第十四条规定，下列情形视同销售服务、无形资产或者不动产：

（1）单位或者个体工商户向其他单位或者个人无偿提供服务，但用于公益事业或者以社会公众为对象的除外；

（2）单位或者个人向其他单位或者个人无偿转让无形资产或者不动产，但用于公益事业或者以社会公众为对象的除外；

（3）财政部和国家税务总局规定的其他情形。

结合上述两种税收法规的规定，房地产开发企业涉及增值税视同销售的行为，主要有将自建房屋、购进的土地或房屋用于投资、分配给股东及无偿转让或赠与他人（非公益性）。

2. 企业所得税

国税发2009年31号文第七条规定："企业将开发产品用于捐赠、赞助、职工福利、奖励、对外投资、分配给股东或投资人、抵偿债务、换取其他企事业单位和个人的非货币性资产等行为，应视同销售，于开发产品所有权或使用权转移，或于实际取得利益权利时确认收入（或利润）的实现。"

国税函2008年828号文规定：企业将资产移送他人的下列情形，因资产所有权属已发生改变而不属于内部处置资产，应按规定视同销售确定收入。

（1）用于市场推广或销售；

（2）用于交际应酬；

（3）用于职工奖励或福利；

（4）用于股息分配；

（5）用于对外捐赠；

（6）其他改变资产所有权属的用途。

从上述规定可以看出，企业所得税在视同销售的认定上是以资产权属是否转移为判断标准的。对房地产开发企业来说，其将土地、房屋等用于对外投资、奖励、分配等行为均涉及不动产权属的变动，应按视同销售处理。

增值税对视同销售的认定上是以本环节或下一环节是否计征增值税来确认的，即企业要对处置货物的行为计缴增值税；但从企业所得税的角度来看，如货物是在境内同一法人实体内部转移，那么属于内部资产处置行为，不再作为视同销售处理，不用缴纳企业所得税。

企业所得税的视同销售强调货物的用途，与货物来源无关。如企业将货物用于投资、分配、职工福利、个人消费等，那么应作为视同销售处理。而从增值税角度来看，货物的来源直接影响增值税处理。如果该货物为自产或委托加工的，那么应按视同销售进行税收处理；如果该货物是外购的，那么应做"进项税转出"。

房地产开发企业将自制的货物（如自制预制件）用于修建项目，在企业所得税中不作为视同销售处理，而在增值税中作为视同销售处理。

房地产开发企业视同销售应按公允价值确认销售收入（国家税务总局公告 2016 年第 80 号《国家税务总局关于企业所得税有关问题的公告》）。

3. 土地增值税

国税发 2006 年 187 号文第三条规定："房地产开发企业将开发产品用于职工福利、奖励、对外投资、分配给股东或投资人、抵偿债务、换取其他单位和个人的非货币性资产等，发生所有权转移时应视同销售房地产。"

与企业所得税中视同销售的法规对比来看，土地增值税的视同销售情形少了"捐赠、赞助"，那对外捐赠是否就不缴纳土地增值税了呢？

《土地增值税暂行条例实施细则》第二条规定："……转让国有土地使用权、地上的建筑物及其附着物并取得收入……不包括以继承、赠与方式无偿转让房地产的行为。"

财税 1995 年 48 号文第四条对上述条文进行了进一步解释，《土地增值税暂行条例实施细则》所称的"赠与"是指如下情况。

（1）房产所有人、土地使用权所有人将房屋产权、土地使用权赠与直系亲属或承担直接赡养义务人的。

（2）房产所有人、土地使用权所有人通过中国境内非营利的社会团体、国家机关将房屋产权、土地使用权赠与教育、民政和其他社会福利、公益事业的。

即，房地产开发企业的非公益捐赠、赞助等行为，不属于规定的免税范围，仍应视同销售计缴土地增值税。

总的来看，对于房地产开发企业将土地、房屋等不动产用于对外投资、分配、奖励、非公益性捐赠等情形，三大税种都作为视同销售处理，企业应按税法要求计缴相应税费。

例 6-1：川哲公司开发的川哲时光项目，是以别墅、高层产品为主的改善型项目，项目销售情况良好，经营成果显著。为了激励团队，公司决定将高层产品中的一套房屋奖励给 2020 年的销售冠军。房屋销售价格为 300 万元，此前同类房屋平均销售价格为 280 万元。项目尚未交付，此套房屋的动态成本为 200 万元。

分析：川哲公司将自产房屋用于奖励，属于增值税、土地增值税的视同销售范围。由于项目尚未交付，产权未办理，公司将房屋奖励给员工，属于"预售"，需按预计毛利率计算企业所得税。假设川哲时光项目所在地税务局规定的项目预计毛利率为 20%。

1. 增值税

对于视同销售，我们首先要解决视同销售收入应如何确定的问题。

《增值税暂行条例实施细则》第十六条规定，视同销售按下列顺序确定销售额：

（1）按纳税人最近时期同类货物的平均销售价格确定；

（2）按其他纳税人最近时期同类货物的平均销售价格确定；

（3）按组成计税价格确定。组成计税价格的公式为：组成计税价格 = 成本 × （1+ 成本利润率）。

因此，本例中，川哲时光项目视同销售收入应按 256.88 万元（$\dfrac{280}{1+9\%}$）确认。

$$预缴增值税 = \frac{280}{1+9\%} \times 3\% = 7.71（万元）$$

$$税金及附加 = 7.71 \times （7\% + 3\% + 2\%）= 0.93（万元）$$

2. 企业所得税

国税发 2009 年 31 号文第七条规定，对于视同销售，确认收入（或利润）的方法和顺序为：

（1）按本企业近期或本年度最近月份同类开发产品市场销售价格确定；

（2）由主管税务机关参照当地同类开发产品市场公允价值确定；

（3）按开发产品的成本利润率确定。

即，企业所得税对视同销售收入的确认与增值税的规定基本一致，但企业所得税对"平均价格"的要求是"近期或本年度最近月份"，较增值税的规定更明确。

本例中，川哲时光项目视同销售收入为 256.88 万元。

按预计毛利率调增应纳税所得额 = 256.88 × 20% = 51.38（万元）

3. 土地增值税

财税 2006 年 187 号文规定，对于视同销售，其收入按以下方式和顺序确认：

（1）按本企业在同一地区、同一年度销售的同类房地产的平均价格确定；

（2）由主管税务机关参照当地当年、同类房地产的市场价格或评估价值确定。

即，土地增值税对视同销售收入的确认和增值税、企业所得税的原则一致，但对"平均价格"的规定是"同一地区、同一年度"，要求更为严格。

本例中，川哲时光项目视同销售收入为 256.88 万元，假设普通住宅土地增值税的预征率为 1%。

预缴土地增值税 = 256.88 × 1% = 2.57（万元）

第三节　不同销售方式的税收实操

房地产开发企业在销售阶段除了自建销售团队销售外，还会引入代理公司销售房屋；同时，为了增加开发产品价值，还会采用精装修、买房送车位、买房送家电等方式销售。不同的销售方式对税收的影响不同，下面分别介绍。

一、代理销售方式的税收实操

代理销售是房地产开发企业通过第三方代理公司销售商品房，并向代理公司支付一定比例销售佣金的销售方式。

对于此种方式，房地产开发企业需要关注的重点在于销售佣金在企业所得税税前扣除的问题。

财税〔2009〕29 号《财政部 国家税务总局关于企业手续费及佣金支出税前扣除政策的通知》（以下简称"财税 2009 年 29 号文"）第一条规定："企业发生与生产经营有关的手续费及佣金支出，不超过以下规定计算限额以内的部分，准予扣除；超过部分，不得扣除……其他企业：按与具有合法经营资格中介服务机构或个人（不含交易双方及其雇员、代理人和代表人等）所签订服务协议或合同确认的收入金额的 5% 计算限额。"

第二条规定："企业应与具有合法经营资格中介服务企业或个人签订代办协议或合同，并按国家有关规定支付手续费及佣金。除委托个人代理外，企业以现金等非转账方式支付的手续费及佣金不得在税前扣除。"

即，房地产开发企业聘请第三方代理公司销售房屋的佣金要在企业所得税税前扣除，应满足以下基本条件：

（1）代理机构必须具有合法经营资格；

（2）佣金比例不超过销售收入的 5%；

（3）房地产开发企业必须以转账形式支付佣金。

房地产开发企业向企业员工、外部关键人、房产中介公司员工支付的商品房销售奖金，应分别按工资薪金支出（内部员工）、劳务费支出（外部人员）计缴个人所得税，并按规定进行税前扣除。

关于代理销售、买断销售、包销及保底价且超额分成销售的区别，国税发 2009 年 31 号文第六条已明确规定，此处不赘述。本节讨论的问题仅针对代理销售的情形。

二、"买赠"销售方式的税收实操

"买赠"销售是指房地产开发企业在销售过程，向购买客户赠送一定价值商品的销售方式。根据赠送商品的性质，"买赠"销售可以分为赠送不动产的"买赠"销售和赠送动产的"买赠"销售。

1. 赠送不动产的"买赠"销售方式

赠送不动产的销售行为常见的一种方式就是"买房送车位"。

（1）增值税。

"买房送车位"的前置条件是客户须先购买房屋，才能得到车位，即车位的价值已包含在房价中了，不属于本章第二节"三、视同销售收入的确认"中所讲解的无偿赠送，因此，此行为不作为视同销售进行税收处理。

在实操中，我们需注意此种行为的发票开具要规范。国税发〔1993〕154号《国家税务总局关于印发〈增值税若干具体问题的规定〉的通知》第二条规定："纳税人采取折扣方式销售货物，如果销售额和折扣额在同一张发票上分别注明的，可按折扣后的销售额征收增值税；如果将折扣额另开发票，不论其在财务上如何处理，均不得从销售额中减除折扣额。"

因此，房地产开发企业应在商品房销售合同中约定赠送的车位，并在开具增值税发票时，将商品房和车位在同一张发票上分别注明；否则，赠送的车位应作为视同销售征收增值税。

（2）企业所得税。

国税函〔2008〕875号《国家税务总局关于确认企业所得税收入若干问题的通知》（以下简称"国税函2008年875号文"）第三条规定："企业以买一赠一等方式组合销售本企业商品的，不属于捐赠，应将总的销售金额按各项商品的公允价值的比例来分摊确认各项的销售收入。"

即，企业所得税不将"买赠"行为作为视同销售处理，而将其界定为"捆绑"销售，将销售收入在房屋和车位之间按公允价值分摊。

（3）土地增值税。

国税发2006年187号文第三条规定："房地产开发企业开发建造的与清算项目配套的……停车场（库）……公共设施，按以下原则处理：……建成后有偿转让的，应计算收入，并准予扣除成本、费用。"

买房送车位，符合本章第二节"三、视同销售收入的确认"中讨论的土地增值税视同销售的情形，其价值已在房屋销售合同中体现，因此，其收入已计算，相应的其成本亦可扣除。

例6-2：川哲公司开发的川哲时光项目因市场变化，销售进度不理想。为了增强产品吸引力，促进销售，公司决定采用"买房送车位"的方式促销。

住宅销售价格为 150 万元 / 套，车位正常销售价格为 10 万元 / 个，打包销售价格为 155 万元 / 套。

分析：川哲公司买房送车位，实际折扣为 5 万元。相关税收处理如下。

（1）增值税：在开具销售发票时，应开具注明住宅 150 万元、车位 10 万元、折扣 5 万元的发票。

$$不含税打包销售价格 = \frac{155}{1 + 9\%} = 142.20（万元）$$

$$预缴增值税 = \frac{155}{1 + 9\%} \times 3\% = 142.20 \times 3\% = 4.27（万元）$$

$$税金及附加 = 4.27 \times（7\% + 3\% + 2\%）= 0.51（万元）$$

（2）企业所得税：按公允价值分摊确认各产品收入。

$$住宅销售收入 = \frac{150}{150 + 10} \times 142.20 = 133.31（万元）$$

$$车位销售收入 = \frac{10}{150 + 10} \times 142.20 = 8.89（万元）$$

（3）土地增值税：住宅和车位的销售价格确认与企业所得税的处理方式一样，142.20 万元收入（不含税）按公允价值分摊到住宅和车位上。

住宅预缴土地增值税 = 133.31 × 1% = 1.33（万元）

车位预缴土地增值税 = 8.89 × 2.5% = 0.22（万元）（假设非住宅的土地增值税预征率为 2.5%）

2. 赠送动产的"买赠"销售方式

赠送动产的常见销售方式就是"买房送家电"。通常由房地产开发企业外购一批电视机、电冰箱、微波炉等家用电器，客户一旦购买商品房，就可以得到相应的家用电器。

（1）增值税。

与"买房送车位"的分析一致，因不属于无偿赠送，故此行为不缴增值税。

如果房地产开发企业在销售现场开展抽奖活动，无论客户是否成交，都可以得到一台家电，那么，此行为就是无偿赠送（客户无对价），应按视同销售进行税收处理。

（2）企业所得税。

外购商品不是房地产开发企业的自产品，不适用国税函 2008 年 875 号文的规定，应按国税函 2008 年 828 号文的要求，作为视同销售，以公允价值确认销售收入计缴企业所得税。

（3）个人所得税。

房地产开发企业为了吸引客户到销售现场，促进销售，经常会举办各类活动，活动中会设置抽奖环节，向在场的中奖客户发放一定金额的礼品、礼金。对此种行为，房地产开发企业涉及代扣代缴个人所得税的处理。

财政部 税务总局公告 2019 年第 74 号《财政部 税务总局关于个人取得有关收入适用个人所得税应税所得项目的公告》第三条规定："企业在业务宣传、广告等活动中，随机向本单位以外的个人赠送礼品……，个人取得的礼品收入，按照'偶然所得'项目计算缴纳个人所得税。"

即，房地产开发企业对客户随机发放礼品、礼金，应根据发放礼品、礼金的价值按"偶然所得"代扣代缴个人所得税。如果是"买赠"行为，那么不需代扣代缴个人所得税。

例 6-3：川哲时光项目举办大型营销活动，在邀请来访的客户中抽取幸运客户奖励现金 1 000 元；对当天成交的客户奖励金条一根，金条价值 10 000 元。

分析：项目的抽奖活动是向不特定客户给予现金奖励，送金条的活动是向特定的购房客户给予奖品，二者的税收处理不同。

1. 抽奖 1 000 元的税收处理

川哲公司向客户无偿赠送现金不缴纳增值税、企业所得税，但需按"偶然所得"代扣代缴个人所得税。

代扣代缴个税税额 = 1 000 × 20% = 200（元）

2. 赠送金条的税收处理

（1）增值税：川哲公司向购房客户赠送礼品，不属于无偿赠送，不缴增值税。

（2）企业所得税：此行为应作为视同销售处理，确认收入为 10 000 元。

（3）个人所得税。

财税〔2011〕50 号《财政部 国家税务总局关于企业促销展业赠送礼品有关个人所得税问题的通知》第一条规定："企业在销售商品（产品）和提供服务过程中向个人赠送礼品，属于下列情形之一的，不征收个人所得税：……企业在向个人销售商品（产品）和提供服务的同时给予赠品……"。

即，川哲公司赠送金条的行为不征收个人所得税，不需代扣代缴个人所得税。

三、精装修的税收实操

"精装房"，在房地产开发企业中也叫"交钥匙工程"，即房屋交钥匙前，所有功能空间的固定面全部铺装或粉刷完成，厨房和卫生间的基本设备全部安装完成，简称全装修住宅。（建住房〔2002〕190 号《建设部关于印发〈商品住宅装修一次到位实施导则〉的通知》）

房地产开发企业销售精装修住房并配置家具家电的税收实操，在本节第二点"'买赠'销售方式的税收实操"中已详细讲述，本部分主要讲解"全装修住宅"的税收实操。

房地产开发企业和客户签订精装修合同有两种基本方式。

一种是双方只签一份合同，在商品房销售合同中约定精装修的相关内容，合同金额也包含精装修金额。此方式实质就是精装房销售。房地产开发企业销售精装房，其税收处理与毛坯房销售一致。由于销售合同中包含了精装修价格，因此，精装修成本也可计入开发成本，在土地增值税中可以加计扣除。

另一种是双方签订两份合同，一份是正常的商品房销售合同，另一份是精装修合同。房地产开发企业和客户签订商品房销售合同，企业收取房屋销售价款，开具房屋销售发票；精装修公司和客户签订精装修合同，精装修公司收取精装修工程价款，开具装修工程发票。

从以上可以看出，两种方式的涉税主体不一样，税收影响也不同。

例 6-4：川哲公司实施"精品化"战略，在川哲时光项目中推出精装住宅。

毛坯房的建造成本为 70 万元 / 套，销售价格为 100 万元 / 套。公司引入装修公司对毛坯房进行精装修，装修成本为 10 万元 / 套，装修价格为 15 万元 / 套。川哲公司和客户签订商品房销售合同，合同价格为 100 万元；装修公司和客户签订精装修合同，合同价格为 15 万元。

分析：房地产开发企业和客户签订一份合同还是两份合同，二者在税收处理上有所不同。

1. 增值税

（1）房地产开发企业与客户签订一份合同。

$$不含税销售价格 = \frac{115}{1 + 9\%} = 105.50（万元）$$

$$销项税额 = \frac{115}{1 + 9\%} \times 9\% = 105.50 \times 9\% = 9.50（万元）$$

$$进项税额 = \frac{70+10}{1+9\%} \times 9\% = 6.61（万元）（建安成本）$$

增值税 = 9.50 － 6.61 = 2.89（万元）

税金及附加 = 2.89 ×（7% + 3% + 2%）= 0.35（万元）

（2）房地产开发企业与客户签订两份合同，房地产开发企业只就房屋销售收入计缴增值税及附加税费。

$$不含税销售价格 = \frac{100}{1 + 9\%} = 91.74（万元）$$

$$销项税额 = \frac{100}{1 + 9\%} \times 9\% = 91.74 \times 9\% = 8.26（万元）$$

$$进项税额 = \frac{70}{1 + 9\%} \times 9\% = 5.78（万元）$$

增值税 = 8.26 － 5.78 = 2.48（万元）

税金及附加 = 2.48 ×（7%+3%+2%）= 0.30（万元）

2. 土地增值税

（1）房地产开发企业与客户签订一份合同。

① 土地及房地产开发成本：$\dfrac{70+10}{1+9\%}=73.39$（万元）

② 房地产开发费用：$73.39 \times 10\% = 7.34$（万元）

③ 与转让房地产有关的税金：0.35 万元

④ 其他扣除项目：$73.39 \times 20\% = 14.68$（万元）

⑤ 扣除项目合计：$73.39 + 7.34 + 0.35 + 14.68 = 95.76$（万元）

⑥ 增值额：$105.50 - 95.76 = 9.74$（万元）

⑦ 增值率：$\dfrac{9.74}{95.76} \times 100\% = 10.17\%$

⑧ 土地增值税：$9.74 \times 30\% = 2.92$（万元）

（2）房地产开发企业与客户签订两份合同。

① 土地及房地产开发成本：$\dfrac{70}{1+9\%}=64.22$（万元）

② 房地产开发费用：$64.22 \times 10\% = 6.42$（万元）

③ 与转让房地产有关的税金：0.30 万元

④ 其他扣除项目：$64.22 \times 20\% = 12.84$（万元）

⑤ 扣除项目合计：$64.22 + 6.42 + 0.30 + 12.84 = 83.78$（万元）

⑥ 增值额：$91.74 - 83.78 = 7.96$（万元）

⑦ 增值率：$\dfrac{7.96}{83.78} \times 100\% = 9.50\%$

⑧ 土地增值税：$7.96 \times 30\% = 2.39$（万元）

3. 企业所得税

（1）房地产开发企业与客户签订一份合同。

应纳税所得额＝收入－开发成本－税金及附加－土地增值税＝105.50-73.39-0.35-2.92 ＝28.84（万元）

企业所得税税额＝$28.84 \times 25\% = 7.21$（万元）

净利润 = 28.84 - 7.21 = 21.63（万元）

（2）房地产开发企业与客户签订两份合同。

应纳税所得额 = 收入 - 开发成本 - 税金及附加 - 土地增值税 = 91.74-64.22-0.30-2.39 = 24.83（万元）

企业所得税额 = 24.83 × 25% = 6.21（万元）

净利润 = 24.83-6.21 = 18.62（万元）

综上，本例中，签订一份合同的净利润高于签订两份合同的净利润，应采用签订一份合同的方式销售精装房。

在税收方案对比中，房地产开发企业应从不同方案对项目净利润的影响的角度来进行财务评价。如果精装修公司是房地产开发企业的子公司或利益相关方，采用精装修模式在税收上也有不同的影响。

四、地下车位的税收实操

地下车位是随着房地产市场的发展、城市空间从地上向地下发展，土地开发利用逐步深化的产物。地下车位的产权归属不同、是出租还是出售，对税收实操而言都有较大不同。

地下车位根据是否有产权、是否对外出售，可以划分为四类，如图6-1所示。

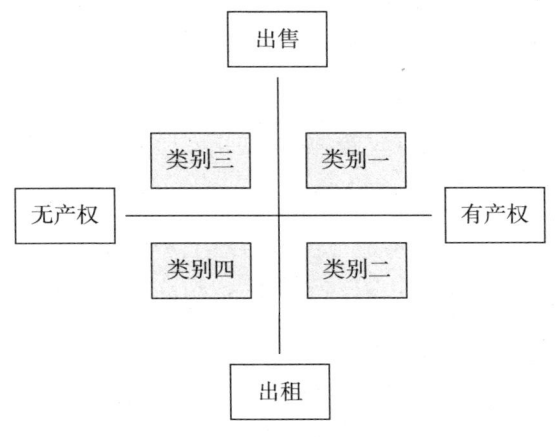

图6-1 地下车位分类

类别一是房地产开发企业将产权车位对外销售，其税收实操与商品房销售一样。

类别二是房地产开发企业将产权车位对外出租。出现此种情形的原因多为项目产权车位滞销，企业为增加收入而暂时将车位对外出租。此种情形下的涉税处理如下。

（1）车位未对外销售，不涉及销售阶段的增值税、企业所得税和土地增值税。

（2）增值税。

房地产开发企业取得出租收入，应按"不动产经营租赁服务 * 停车位出租"计缴增值税及相关附加税费。

（3）企业所得税。

房地产开发企业以取得的不含税出租收入确认收入。而对于成本，国税发 2009 年 31 号文第十七条规定，企业开发区内建造的会所等配套设施属于营利性的，或产权归企业所有的，或未明确产权归属的，或无偿赠与地方政府、公用事业单位以外其他单位的，应当单独核算其成本。除企业自用应按建造固定资产进行处理外，其他一律按建造开发产品进行处理。

即，房地产开发企业需对产权车位单独设置成本对象核算其成本，竣工交付后将产权车位成本结转至"开发产品"中；而对专用于出租的车位，企业应将成本从"开发产品"结转至"出租开发产品"中，并按企业确定的可出租年限将成本按期摊销，实现收入与成本的配比。

（4）房产税。

财税〔2005〕181 号《财政部 国家税务总局关于具备房屋功能的地下建筑征收房产税的通知》规定："对于与地上房屋相连的地下建筑，如房屋的地下室、地下停车场……，应将地下部分与地上房屋视为一个整体按照地上房屋建筑的有关规定计算征收房产税。……出租的地下建筑，按照出租地上房屋建筑的有关规定计算征收房产税。"

即，地下车位如果由房地产开发企业自用，那么应与地上房屋一起从价计缴房产税；如果由企业出租，那么按租金收入从租计缴房产税。

（5）城镇土地使用税。

财税〔2009〕128 号《财政部 国家税务总局关于房产税城镇土地使用税有关问题的通知》规定："对在城镇土地使用税征税范围内单独建造的地下建筑用地，按规定征收城镇土地使用税。……对上述地下建筑用地暂按应征税款的 50% 征收城镇土地使用税。"

即，单独建造的地下车位应按征收标准的一半计缴城镇土地使用税；对于地上地下一体建造的，则只需缴纳一次城镇土地使用税，不需再按地下面积重复计算。

例 6-5：川哲公司将川哲时光项目未售完的地下产权车位外包给物管公司对外出租经营，按年收取租赁收入 50 万元。外包的地下车位面积为 10 000 平方米，建造成本为 3 000 万元，项目所在地城镇土地使用税标准为 5 元 / 平方米。

分析：川哲公司对外出租产权车位，应根据收取的收入进行税收处理。

（1）增值税：按每年收取的租金收入计缴增值税。

$$不含税收入 = \frac{50}{1 + 9\%} = 45.87（万元）$$

$$应交增值税 = \frac{50}{1 + 9\%} \times 9\% = 45.87 \times 9\% = 4.13（万元）$$

税金及附加 = 4.13 ×（7% + 3% + 2%）= 0.50（万元）

（2）房产税。

应交房产税 = 45.87 × 12% = 5.50（万元）

（3）企业所得税。

①收入：年租金收入为 45.87 万元。

②成本：川哲公司应将外包的 10 000 平方米产权车位对应的成本从"开发产品"转至"出租开发产品"，再按年将"出租开发产品"摊销至"其他业务支出"中。本例中，假设外包产权车位的摊销年限为 20 年。

$$不含税成本 = \frac{3 000}{1 + 9\%} = 2 752.29（万元）$$

$$每年摊销额 = \frac{2\,752.29}{20} = 137.61（万元）$$

③应纳税所得额：出租收入－出租成本－税金及附加＝45.87-137.61-0.50＝－92.24（万元）

应纳税所得额为负数，企业不缴企业所得税。

类别三是房地产开发企业将无产权的车位对外销售。通常来说，无产权车位主要是指用地下人防设施改造的停车位，又称人防车位，不能对外销售。在一些地方存在这样的情况：所有的地下车位都无法办理产权，而当地政府允许房地产开发企业将非人防地下车位对外销售。对此类业务的税收处理如下。

（1）增值税。房地产开发企业销售无产权车位，在增值税处理上与销售产权车位一致，应按税法规定计缴增值税及附加税费。

（2）企业所得税。无产权车位的销售在企业所得税的处理上与产权车位销售的处理有较大差异。

国税发2009年31号文第三十三条规定："企业单独建造的停车场所，应作为成本对象单独核算。利用地下基础设施形成的停车场所，作为公共配套设施进行处理。"

即，如果停车场所是房地产开发企业单独建造的，那么应单独设置成本对象，单独核算；如果是利用地下基础设施形成的，那么不需单独核算，而是作为公共配套设施来处理。也就是说，国税发2009年31号文规定，地下车位不论是否有产权，均作为公共配套设施；地下车位作为公共配套设施，其成本分摊给可售产品。

对于上述解读，国家税务总局纳税服务司在对纳税人的提问进行答复时，也说道："根据国税发2009年31号文第三十三条规定，利用地下基础设施形成的停车场所，作为公共配套设施进行处理。同时，该文件第二十七条规定，公共配套设施费包括在开发产品计税成本支出中。因此，利用地下基础设施形成的停车场所应计入开发成本，待停车场所出售时，一次性确认收入，同时不能再结转成本。"

（3）土地增值税。

国税发 2006 年 187 号文第三条规定："房地产开发企业开发建造的与清算项目配套的……停车场（库）……公共设施，按以下原则处理：……建成后有偿转让的，应计算收入，并准予扣除成本、费用。"

即，房地产开发企业销售无产权车位，应按销售开发产品处理，取得的收入计入房地产转让收入，其成本也可以扣除。

类别四是房地产开发企业将无产权车位对外出租，并取得租金收入。对此类业务的税收处理如下。

（1）增值税的税收处理与类别二一样。

（2）企业所得税。根据类别三的分析，无产权车位作为公共配套设施，其建造成本已分摊至可售产品中，故此时，房地产开发企业只需按不含税的出租收入确认收入即可。

（3）土地增值税。

房地产开发企业出租无产权车位有两种情况。一种是真实的租赁，即按月或季出租车位使用权。此种情形下，车位产权并未转移，不涉及土地增值税处理。

还有一种是"以租代售"。由于无产权车位，特别是人防车位没有权属，房地产开发企业无法对外销售，因此，为了实现销售目的，房地产开发企业与客户签订长期的租赁合同（如 20 年），并约定合同到期后自动接续。这样，房地产开发企业就实现了无产权车位的销售。

对于此种情形，各地主管税务机关的要求不同。

青地税函〔2009〕47 号《青岛市地方税务局关于印发〈房地产开发项目土地增值税清算有关业务问题问答〉的通知》第十二条规定："……利用地下基础设施形成的停车场所，房地产开发企业与购房人签订合同，将停车场所法律法规规定期限内的使用权转移给购房人的，向购房人取得的收入视同房地产转让收入，并入非普通住房转让收入。"

而辽地税函〔2012〕92 号《辽宁省地方税务局关于明确土地增值税清算有关问题的通知》第五条规定："无产权地下停车位取得的收入，不计入土地增值税收入，其成本费用地方税务机关在土地增值税清算中不允许扣除。"

即，无产权车位的收入和成本均不计入土地增值税清算。

因此，对于无产权车位"以租代售"的税收处理，房地产开发企业需结合项目所在地税收政策进行处理。

第四节　代收款项实操指引

房地产开发企业在销售阶段，通常会替有关部门向客户收取燃气开通费、权证办理费、权证工本费及维修基金等。这些款项由房地产开发企业收取后，按规定转交给相关部门。对于这些款项的涉税处理，不同税种的处理方式有所不同。

一、增值税的税收实操

《中华人民共和国增值税暂行条例》第六条规定："销售额为纳税人发生应税销售行为收取的全部价款和价外费用，但是不包括收取的销项税额。"

《增值税暂行条例实施细则》第十二条规定："所称价外费用，包括价外向购买方收取的……代收款项……以及其他各种性质的价外收费。但下列项目不包括在内：……（三）同时符合以下条件代为收取的政府性基金或者行政事业性收费：

"1.由国务院或者财政部批准设立的政府性基金，由国务院或者省级人民政府及其财政、价格主管部门批准设立的行政事业性收费；

"2.收取时开具省级以上财政部门印制的财政票据；

"3.所收款项全额上缴财政。"

财税 2016 年 36 号文附件 2 规定，房地产主管部门或者其指定机构、公积金管理中心、开发企业以及物业管理单位代收的住宅专项维修资金，属于不征收增值税项目。

上述法规表明房地产开发企业代收的款项中契税（属于代政府收取的费用）、维修基金不需要缴纳增值税。但其他代收款项是否缴纳增值税，要看委托代收方的情况，如为政府部门委托的，一般不需缴纳增值税；如为其他经营单位委托的，则应视为价外费用处理，经营单位开给房地产开发企业的增值税发票中的进项税额也可用于抵扣。

二、企业所得税的税收实操

国税发 2009 年 31 号文第五条规定："开发产品销售收入的范围为销售开发产品过程中取得的全部价款……企业代有关部门、单位和企业收取的各种基金、费用和附加等，凡纳入开发产品价内或由企业开具发票的，应按规定全部确认为销售收入；未纳入开发产品价内并由企业之外的其他收取部门、单位开具发票的，可作为代收代缴款项进行管理。"

第十六条规定："企业将已计入销售收入的共用部位、共用设施设备维修基金按规定移交给有关部门、单位的，应于移交时扣除。"

即，房地产开发企业代收的款项如果没有列入商品房销售合同中，或没有开具本企业的发票，那么代收款项不计入收入；否则，代收款项应计入收入。但对于维修基金，无论房地产开发企业如何处理，均不作为收入处理。

三、土地增值税的税收实操

财税 1995 年 48 号文第六条规定："对于县级及县级以上人民政府要求房地产开发企业在售房时代收的各项费用，如果代收费用是计入房价中向购买方一并收取的，可作为转让房地产所取得的收入计税；如果代收费用未计入房价中，而是在房价之外单独收取的，可以不作为转让房地产的收入。

"对于代收费用作为转让收入计税的，在计算扣除项目金额时，可予以扣除，但不允许作为加计 20% 扣除的基数；对于代收费用未作为转让房地产的收入计税的，在计算增值额时不允许扣除代收费用。"

即，对于代收款项，如果房地产开发企业将代收款项列入商品房销售合同中，那么应作为收入，同时其支付给委托单位的支出也可作为成本扣除，只是这部分支出不能加计扣除；如果企业在商品房销售合同之外收取代收款项，那么不作为收入处理，同时其支付给委托单位的支出也不能扣除。

第七章

清算阶段的税收
实操指引

房地产项目经历了设立阶段、土地获取阶段、开发阶段及销售阶段后，就进入清算阶段了。项目开发成功的标志是项目完成竣工备案并成功交付给业主，至此，项目开发工作基本完成，销售工作也基本结束，项目进入交付后物业管理服务阶段。房地产开发企业在此阶段的主要工作就是工程收尾、工程结算及三大税种的清算。

本章主要涉及的知识点有：

- 增值税清算的税收实操；
- 企业所得税清算的税收实操；
- 土地增值税清算的税收实操。

第一节　清算阶段税收管理概述

增值税、企业所得税及土地增值税的清算是房地产行业的特色，究其原因是商品房预售制的实行。

我国于 1995 年 1 月 1 日起实行《城市房地产管理法》，此法规定了商品房预售的条件，确定了商品房预售制度。

根据《城市房地产管理法》，建设部（现改名为"住房和城乡建设部"）制订了《城市商品房预售管理办法》，进一步明确了商品房预售的定义、条件、程序等具体内容，成为指导房地产开发企业预售商品房的纲领性文件。

房地产开发企业在预售商品房时，房屋尚未建成，在会计核算上无法确认收入；同时，开发成本随着房屋建设进度逐渐发生，相应的建筑发票逐步取得，所以在商品房预售时生产成本无法准确计量。这就造成房地产开发企业不能如一般的制造企业那样在销售时准确计量收入与成本。因此，在税收征管上，税务机关对三大税种实行"先预缴再清算"的方法来征收管理。

对于增值税，总局 2016 年第 18 号公告第二章第二节规定了预缴税款的计算方法，即应预缴税款 = 预收款 ÷（1+ 适用税率或征收率）× 3%。

对于企业所得税，国税发 2009 年 31 号文第九条规定："企业销售未完工开发产品取得的收入，应先按预计计税毛利率分季（或月）计算出预计毛利额，计入当期应纳税所得额。开发产品完工后，企业应及时结算其计税成本并计算此前销售收入的实际毛利额，同时将实际毛利额与其对应的预计毛利额之间的差额，计入当年度企业本项目与其他项目合并计算的应纳税所得额。"

即，房地产开发企业在预售阶段先按预计毛利额计入当期应纳税所得额，清算时根据实际毛利额与预计毛利额的差异调整计入清算当期的应纳税所得额。

对于土地增值税，财税 1995 年 48 号文第十四条规定："……对纳税人在项目全部竣工结算前转让房地产取得的收入可以预征土地增值税。具体办法由各省、自治区、直辖市地方税务局根据当地情况制定。"

国税发〔2010〕53 号《国家税务总局关于加强土地增值税征管工作的通知》也明确："预征是土地增值税征收管理工作的基础，是实现土地增值税调节功能、保障税收收入均衡入库的重要手段。"

以四川省为例，在 2010 年发布的《四川省地方税务局 四川省财政厅关于土地增值税征管问题的公告》明确了保障性住房、普通住宅、非普通住宅及商用房的土地增值税预征率。

综上，清算阶段对房地产开发企业而言非常重要，此阶段的税收结果直接影响项目最终的效益。因此，清算阶段的税收实操在房地产开发企业的税收管理中占有非常重要的地位。

第二节　增值税清算实操指引

房地产开发企业之所以要进行税收清算，是因为在销售阶段预缴了税款，因此在讲解税收清算之前，我们需要先了解三大税种的预缴方法和预缴税款的计算。

一、增值税预缴

总局 2016 年第 18 号公告规定，房地产开发企业采取预收款方式销售自行开发的房地产项目，应在收到预收款时按照 3% 的预征率预缴增值税。所谓自行开发，是指房地产开发企业在依法取得的土地上进行房屋和基础设施建设，以及购入在建工程后，以本企业名义立项建设再对外销售。

房地产开发企业在预售商品房时，其收到的购房款记入"预收账款"账户贷方，按月根据"预收账款"账户贷方发生额计算当期应预缴的增值税。

$$一般纳税人应预缴税款 = \frac{预收款}{1 + 9\%} \times 3\%$$

$$小规模纳税人应预缴税款 = \frac{预收款}{1 + 5\%} \times 3\%$$

例 7-1：2021 年 5 月，川哲公司的川哲时光项目取得销售收入 1.5 亿元。当月应预缴增值税税额的计算如下。

$$应预缴增值税 = \frac{15\,000}{1 + 9\%} \times 3\% = 412.84（万元）$$

二、增值税清算

房地产开发企业在项目竣工备案后，将预售的商品房交付给满足交付条件的客户，结清售房款并向客户开具增值税普通发票。

在交付当月，房地产开发企业应按当月已开具的增值税发票计算增值税销项税额，再抵减以前期间已预缴的增值税和已取得的进项税额，确定当期应缴纳的增值税。

当期应缴增值税 = 销项税额 − 进项税额 − 前期预缴的增值税

销项税额 = 销售额 × 9%

总局 2016 年第 18 号公告规定，房地产开发企业的销售额等的计算公式如下：

$$销售额 = \frac{全部价款和价外费用 - 当期允许扣除的土地价款}{1 + 9\%（按现行税率）}$$

$$当期允许扣除的土地价款 = \frac{当期销售房地产项目建筑面积}{房地产项目可供销售建筑面积} \times 支付的土地价款$$

（1）当期销售房地产项目建筑面积以交付给客户的商品房实测面积为准，为当期房地产开发企业开具给客户的增值税普通发票上记录的面积。

（2）房地产项目可供销售建筑面积以项目可销售房屋的实测面积总数为准。如果项目地下车位有产权，属于可售产品，那么地下车位的可售面积数不计入此项。因为土地价款是根据地上计容面积来计算的，除非企业缴纳了地下空间使用费。

（3）支付的土地价款。

财税 2016 年 140 号文第七条规定："'向政府部门支付的土地价款'，包括土地受让人向政府部门支付的征地和拆迁补偿费用、土地前期开发费用和土地出让收益等。房地产开发企业中的一般纳税人销售其开发的房地产项目（选择简易计税方法的房地产老项目除外），在取得土地时向其他单位或个人支付的拆迁补偿费用也允许在计算销售额时扣除。"

即，允许扣除的土地成本包括土地价款、拆迁补偿费用等。

（4）全部价款和价外费用。除了在第六章第四节"代收款项实操指引"中讲解的不属于价外费用的代收款项外，房地产开发企业向客户收取的所有款项都要计入全部价款和价外费用。

（5）进项税额以企业支付工程款项、费用向供应商收取的增值税专用发票、普通发票上记载的增值税额，扣除按规定应转出的进项税额及留抵退税额后的余额为准。

（6）前期预缴的增值税以企业实际缴纳的预缴增值税为准。

例 7-2：川哲时光项目由川哲公司于 2019 年 2 月通过"招拍挂"取得，土地成本为 10 亿元。项目可销售面积为 25 万平方米（高层 15 万平方米、别墅 5 万平方米、地下车位 5 万平方米），总货值为 30 亿元（高层 18 亿元、别墅 10 亿元、地下车位 2 亿元）。项目于 2021 年 7 月 1 日交付，此时项目已销售 90% 以上，其中高层、别墅已全部售罄，地下车位已售 50%。2021 年 7 月交付率达到 85%，所有交付的房屋已全部开具发票。

分析：项目交付当月，需对增值税进行清算，确定实缴税额。

（1）根据发票开具情况确定允许扣除的土地成本。

本例中，假设高层全部交付，别墅交付 80%，地下车位交付 50%，则当期房室销售面积为：$150\,000 \times 100\% + 50\,000 \times 80\% = 190\,000$（平方米）

$$当期允许扣除的土地价款 = \frac{190\,000}{150\,000 + 50\,000} \times 100\,000 = 95\,000（万元）$$

（2）确定销售额。

$$销售额 = \frac{180\,000 + 100\,000 \times 80\% + 20\,000 \times 50\% \times 50\% - 95\,000}{1 + 9\%}$$

$$= \frac{170\,000}{1 + 9\%} = 155\,963.30（万元）$$

（3）计算当期应缴增值税。

本例中，假设企业已预缴增值税 7 981.65 万元（$\dfrac{180\,000 + 100\,000 + 20\,000 \times 50\%}{1 + 9\%} \times$

3%），增值税进项税额为 4 500 万元。

7 月应缴增值税 = 155 963.30 × 9% - 4 500 - 7 981.65 = 1 555.05（万元）

如果进项税额为 7 000 万元，那么 7 月应缴增值税为 -944.95 万元，当月不用缴纳增值税。因此，在增值税清算时，企业需重点关注增值税专用发票是否及时足额取得。

第三节　企业所得税清算实操指引

房地产开发企业的企业所得税需要按季预缴，如本章第一节所述，房地产开发企业需根据项目所在地主管税务机关确定的预计毛利率，计算当季预计毛利额，计入当季的应纳税所得额，计算应缴纳的企业所得税。

一、企业所得税预缴

例 7-3：承例 7-2，川哲公司于 2019 年 2 月获取川哲时光项目，并成立独立的项目公司运作此项目。2019 年 10 月，该项目正式对外销售。2019 年 10 月至 12 月，该项目取得销售收入 5 亿元。2019 年项目公司相关财务数据如表 7-1 所示。

表 7-1 2019 年项目公司相关财务数据

项 目	行次	本期金额	本年累计
一、营业收入	1		
减：营业成本	2		
税金及附加	3	165.14	165.14
销售费用	4	2 500.00	2 800.00
管理费用	5	1 500.00	2 500.00
财务费用	6	5.00	10.00
二、营业利润（亏损以 "-" 号填列）	7	-4 170.14	-5 475.14
三、利润总额（亏损以 "-" 号填列）	8	-4 170.14	-5 475.14
减：所得税费用	9		
四、净利润（净亏损以 "-" 号填列）	10	-4 170.14	-5 475.14

分析：表 7-1 中列示了项目公司 2019 年 10 月至 12 月的当期数及 2019 年全年的累计数。根据国税发 2009 年 31 号文的相关规定，川哲公司应先确定预计毛利额。本例中，假设川哲时光项目所在地预计毛利率为 15%。

（1）销售未完工开发产品取得的收入 $= \dfrac{50\,000}{1+9\%} = 45\,871.56$（万元）

（2）预计毛利额 $= 45\,871.56 \times 15\% = 6\,880.73$（万元）

（3）当季应纳税所得额 $= 6\,880.73 - 4\,170.14 = 2\,710.59$（万元）

（4）当季应交企业所得税 $= 2\,710.59 \times 25\% = 677.65$（万元）

在填报当季企业所得税申报表时，项目公司应在 "A200000 企业所得税月（季）度预缴纳税申报表（A 类）" 表的 "预缴税款" 栏的第 4 项 "加：特定业务计算的应纳税所得额" 中填列计算出的预计毛利额，计入当期应纳税所得额。

对于年度企业所得税汇算清缴，只要项目未交付也未结转，年度预计毛利额的计算与季度的实操一样。

本例中，年度应纳税所得额 $= 6\,880.73 - 5\,475.14 = 1\,405.59$（万元）

年度应交企业所得税 $= 1\,405.59 \times 25\% = 351.40$（万元）

由于年度应交企业所得税小于季度已交企业所得税，年度汇算清缴后多缴的企业所得税递延至以后年度抵扣。如果预缴的企业所得税无法在以后年度全部抵回，那么在项目交付后企业所得税清算时一并处理。

二、企业所得税清算

企业所得税清算的目的在于根据企业实际毛利率对预缴时以预计毛利率确定的应纳税所得额进行差异调整，将预计毛利额调整为实际毛利额。因此，企业所得税清算时，房地产开发企业应基本完成项目建造和成本结算工作，并取得全额发票。工程结算与发票取得是税收实操中的关键。

1. 清算时点的确认

企业所得税采用的是"按月（季）预缴、年终汇算清缴"的征收方式，当年汇算清缴结果在次年5月31日前完成。而房地产开发企业采用"先以预计毛利额预缴企业所得税，再用实际毛利额清算"的方式计缴企业所得税，这就存在如何确认清算时点的问题。

国税发2009年31号文第三条规定："企业房地产开发经营业务……除土地开发之外，其他开发产品符合下列条件之一的，应视为已经完工：

"（一）开发产品竣工证明材料已报房地产管理部门备案。

"（二）开发产品已开始投入使用。

"（三）开发产品已取得了初始产权证明。"

第三十五条规定："开发产品完工以后，企业可在完工年度企业所得税汇算清缴前选择确定计税成本核算的终止日，不得滞后。凡已完工开发产品在完工年度未按规定结算计税成本，主管税务机关有权确定或核定其计税成本，据此进行纳税调整……"

即，对于已完工的开发产品，房地产开发企业应按规定及时结算开发产品计税成本，并计算企业当年度应纳税所得额。也就是说，房地产开发企业的企业所得税清算时点在竣工备案交付当年，而汇算清缴截止日期在次年5月31日。

因此，房地产项目的竣工备案时间、交付使用时间的确定很关键。如果房地产开发企业将交付时间定在12月31日，那么企业所得税清算必须在次年 5 月 31 日前完成；如果房地产开发企业将交付时间定在次年 1 月 1 日，那么企业所得税的清算可以在第三年的 5 月 31 日前完成。因此，如果房地产项目原定的竣工备案交付时间靠近年末，那么在进行税收实操时，应将其调整到次年年初，从而为企业所得税清算预留充足的时间。

房地产开发企业在取得项目竣工备案证后，还需要进行交付前的细检与整改，因此竣工备案到正式交付会间隔 3 个月至 6 个月。这就存在如何确定完成时点的问题。

按国税发 2009 年 31 号文的要求，这个时点没有争议。但在税收实操中，如按竣工备案时间确认，此时，工程结算，特别是总包结算尚未完成，成本金额不确定；商品房未交付，没达到收入确认条件，收入无法确认，故无法确认实际毛利率。

因此，国税函〔2010〕201 号《国家税务总局关于房地产开发企业开发产品完工条件确认问题的通知》规定："……房地产开发企业建造、开发的开发产品，无沦工程质量是否通过验收合格，或是否办理完工（竣工）备案手续以及会计决算手续，当企业开始办理开发产品交付手续（包括入住手续）或已开始实际投入使用时，为开发产品开始投入使用，应视为开发产品已经完工。房地产开发企业应按规定及时结算开发产品计税成本，并计算企业当年度应纳税所得额。"

所以，在税收实操中，房地产开发企业应以交付使用时点作为开发产品完工时点，这个时点一般也能得到当地主管税务机关的认可。

2. 清算时开发成本的处理

房地产开发成本的确定以工程成本全部结算完成为最终依据。但在交付时点，部分工程结算特别是总包结算尚未完成，如果此时确定开发成本，那么存在开发成本不足、实际毛利额虚高的情况。

对此，国税发 2009 年 31 号文第三十二条规定："除以下几项预提（应付）费用外，计税成本均应为实际发生的成本。

"（一）出包工程未最终办理结算而未取得全额发票的，在证明资料充分的前提下，其发票不足金额可以预提，但最高不得超过合同总金额的 10%。

"（二）公共配套设施尚未建造或尚未完工的，可按预算造价合理预提建造费用。此类公共配套设施必须符合已在售房合同、协议或广告、模型中明确承诺建造且不可撤销，或按照法律法规规定必须配套建造的条件。

"（三）应向政府上交但尚未上交的报批报建费用、物业完善费用可以按规定预提。物业完善费用是指按规定应由企业承担的物业管理基金、公建维修基金或其他专项基金。"

即，房地产开发企业的企业所得税在完工年度，可以计提以上三项成本作为实际开发成本，用于计算实际毛利率。除此以外，其他成本项目必须是实际取得的发票金额。

因此，在税收实操中，商品房交付后，房地产开发企业的成本结算办理进度、工程发票的取得进度等必须符合企业所得税清算时点的要求，保证发票应取尽取，确定实际毛利率，减少因毛利率虚高造成企业的税收损失。

3. 毛利额差异的确认

毛利额 = 销售收入 × 毛利率

$$毛利率 = \frac{销售收入 - 销售成本}{销售收入} \times 100\%$$

（1）销售收入为不含税收入，数据来自交付台账（见表7-2）。交付台账反映达到交付条件并已实际交付给客户的房源信息，是税收实操中收入及发票管理的基础工具，非常重要。

表7-2　交付台账

序号	房号	业态	客户姓名	身份证号	预售面积	预售单价	预售总价	收款金额	实测面积	面积差	补差款	实际总房价	不含税金额	发票号码	发票金额	开票日期
1																
2																
3																
4																
……																

（2）销售成本即开发成本，主要包括土地成本、前期工程费、基础设施费、建安工程费、配套设施费及开发间接费。根据收入成本配比原则，收入按不同开发产品确认，那么开发成本也需要在不同开发产品间分配，以确认各个产品的成本金额。各开发产品成本数据来自成本分配表，相关论述见第五章第四节。

地下车位的成本处理，见第六章第三节"四、地下车位的税收实操"。

对于已发生但在清算时未取得发票的成本处理，国税发 2009 年 31 号文第三十四条规定："企业在结算计税成本时其实际发生的支出应当取得但未取得合法凭据的，不得计入计税成本，待实际取得合法凭据时，再按规定计入计税成本。"

即，完工年度后，企业需每年根据当年取得的发票调整计税成本，并按调整后的计税成本重新在开发产品间进行分配。

国税发 2009 年 31 号文第二十八条规定："……对前期已完工成本对象应负担的成本费用按已销开发产品、未销开发产品和固定资产进行分配，其中应由已销开发产品负担的部分，在当期纳税申报时进行扣除，未销开发产品应负担的成本费用待其实际销售时再予扣除。"

即，完工年度后，房地产开发企业取得发票，应对开发成本进行重新分配，确定各开发产品的单方实际成本。应由已销开发产品负担的部分，应在当期纳税申报时进行扣除，而不应追溯调整。

虽然上述税收法规给予了房地产开发企业在完工后取得发票对成本进行调整的权利，但是在完工清算时，房地产开发企业按当时的清算结果缴纳了企业所得税，即便后期取得发票也只能在当期扣除，而此时无收入（或少量收入）与取得发票的成本配比，使得企业前期多缴企业所得税需办理退税，而退税手续复杂又费时。因此，交付时点的确认、成本结算以及建安发票取得的情况是房地产开发企业在此阶段税收管控的重点。

例 7-4：沿用例 7-2 的数据，川哲时光项目于 2021 年 7 月 1 日交付，当年高层、别墅均全部交付，地下车位交付 80%。各种产品的单方开发成本（含土地成本）分别为：高层 8 000 元 / 平方米，别墅 10 000 元 / 平方米，地下车位 3 000 元 / 平方米。

分析：川哲时光项目于 2021 年 7 月交付，当年需完成企业所得税清算，按实际毛利率对前期按预计毛利率计算的预计毛利额进行差额调整。

（1）不含税销售收入。

高层：$\dfrac{180\,000}{1+9\%} = 165\,137.61$（万元）

别墅：$\dfrac{100\,000}{1+9\%} = 91\,743.12$（万元）

地下车位：$\dfrac{20\,000 \times 50\%}{1+9\%} = 9\,174.31$（万元）

（2）不含税开发成本。

高层：$\dfrac{15 \times 8\,000}{1+9\%} = 110\,091.74$（万元）

别墅：$\dfrac{5 \times 10\,000}{1+9\%} = 45\,871.56$（万元）

地下车位：$\dfrac{5 \times 3\,000 \times 50\%}{1+9\%} = 6\,880.73$（万元）

（3）各开发产品实际毛利率。

高层：$\dfrac{165\,137.61-110\,091.74}{165\,137.61} \times 100\% = 33.33\%$

别墅：$\dfrac{91\,743.12-45\,871.56}{91\,743.12} \times 100\% = 50\%$

地下车位：$\dfrac{9\,174.31-6\,880.73}{9\,174.31} \times 100\% = 25\%$

（4）本项目已按 15% 的预计毛利率预缴了企业所得税，现根据各开发产品实际交付金额计算各自的毛利差额。

高层：$165\,137.61 \times （33.33\% - 15\%）= 30\,269.72$（万元）

别墅：$91\,743.12 \times （50\% - 15\%）= 32\,110.09$（万元）

地下车位：9 174.31 × 80% × （25% − 15%）= 733.94（万元）

即，川哲时光项目在 2021 年的企业所得税汇算清缴时，应调增应纳税所得额 63 113.75 万元。

第四节　土地增值税清算实操指引

土地增值税清算是房地产开发企业税收实操的重难点，一方面因其在房地产开发企业的税负中占比大，对利润影响大；另一方面因其税收法规级次低，各地执行口径差异大。

一、土地增值税预缴

《土地增值税暂行条例实施细则》第十六条规定，"纳税人在项目全部竣工结算前转让房地产取得的收入，由于涉及成本确定或其他原因，而无法据以计算土地增值税的，可以预征土地增值税，待该项目全部竣工、办理结算后再进行清算，多退少补。具体办法由各省、自治区、直辖市地方税务局根据当地情况制定。"

财税 1995 年 48 号文第十四条也规定：对纳税人在项目全部竣工结算前转让房地产取得的收入可以预征土地增值税。

以成都市为例，国家税务总局成都市税务局、成都市财政局公告 2019 年第 2 号《国家税务总局成都市税务局 成都市财政局关于继续实施土地增值税有关政策的公告》规定：对保障性住房暂不预征土地增值税；普通住宅预征率为 1%；非普通住宅预征率为 2%；其他类型房地产预征率为 2.5%。

"营改增"后，对于土地增值税预征的计税依据，总局 2016 年第 70 号公告规定："营改增后，纳税人转让房地产的土地增值税应税收入不含增值税。……为方便纳税人，简化土地增值税预征税款计算，房地产开发企业采取预收款方式销售自行开发的房地产项目的，可按照以下方法计算土地增值税预征计征依据：土地增值税预征的计征依据＝预收款－应预缴增值税税款。"

这里可以看出，土地增值税预缴的计税依据与增值税和企业所得税不同。增值税和企业所得税都是将含税收入换算为不含税收入作为计税基础，而土地增值税是将含税收入减去预缴的增值税税款作为计税基础，而非换算为不含税收入。二者的税收差异，以例7-5说明。

例7-5：川哲公司开发的川哲时光项目于2019年10月正式对外销售，当月销售高层住宅10 000平方米（普通住宅），签约金额为2亿元，当月收取房款1亿元。普通住宅的土地增值税预征率为1%。

分析：土地增值税预缴以预收款为基础计算，如前所述，以不含税收入作为计税依据，还是按总局2016年第70号公告的方法确定计税依据，二者的税收影响不同。

（1）以不含税收入计算。

$$10月预缴土地增值税 = \frac{10\,000}{1+9\%} \times 1\% = 91.74（万元）$$

（2）按总局2016年第70号公告的方法计算。

$$10月应预缴增值税 = \frac{10\,000}{1+9\%} \times 3\% = 275.23（万元）$$

10月预缴土地增值税 =（10 000 - 275.23）× 1% = 97.25（万元）

方法二比方法一多预缴土地增值税5.51万元。

二、土地增值税清算

国税发2009年91号文第三条规定："土地增值税清算，是指纳税人在符合土地增值税清算条件后，依照税收法律、法规及土地增值税有关政策规定，计算房地产开发项目应缴纳的土地增值税税额，并填写《土地增值税清算申报表》，向主管税务机关提供有关资料，办理土地增值税清算手续，结清该房地产项目应缴纳土地增值税税款的行为。"

土地增值税清算的重点在于准确计算房地产项目应缴纳的土地增值税税额。土地增值税从清算单位的确定到开发成本、费用的处理都有与其他税种不同的规定，下面分别讲述。

1. 清算对象

国税函发〔1995〕110号《国家税务总局关于印发〈土地增值税宣传提纲〉的通知》明确了土地增值税的征税范围。

（1）土地增值税仅对转让国有土地使用权的征收，对转让集体土地使用权的不征税。

（2）只对转让的房地产征收土地增值税，不转让的不征税。如房地产的出租，虽然取得了收入，但没有发生房地产的产权转让，不应属于土地增值税的征收范围（对于以出租的形式转让永久使用权的行为仍需缴纳土地增值税，详见下文）。

（3）对转让房地产并取得收入的征税，对发生转让行为，而未取得收入的不征税。如通过继承、赠与方式转让房地产的，虽然发生了转让行为，但未取得收入，就不能征收土地增值税。

《土地增值税暂行条例实施细则》第八条规定："土地增值税以纳税人房地产成本核算的最基本的核算项目或核算对象为单位计算。"

国税发2006年187号文规定："土地增值税以国家有关部门审批的房地产开发项目为单位进行清算，对于分期开发的项目，以分期项目为单位清算。"

对于"国家有关部门审批的房地产开发项目为单位进行清算"，不同的城市、区域的税务机关有不同的要求。有的地方以建筑规划许可证划分的对象作为清算单位，有的地方以建设工程施工许可证划分的对象作为清算单位。

如厦门市地方税务局公告2015年第3号《厦门市地方税务局关于发布〈厦门市土地增值税清算管理办法〉的公告》第二十五条规定："对于分期开发的项目，以政府建设主管部门颁发的《建筑工程施工许可证》作为分期标准，以分期项目为单位清算。"

又如国家税务总局四川省税务局公告2020年第13号《国家税务总局四川省税务局关于土地增值税清算单位等有关问题的公告》（以下简称"四川省税务公告2020年第13号"）明确规定："土地增值税以城市规划行政主管部门颁发的《建设工程规划许可证》所确认的房地产开发项目为清算单位。"

在确定了清算单位后，对于同一清算单位里的不同产品应如何确定清算对象，税收实操中曾有"二分法"（分为"普通住宅"和"其他"两类）和"三分法"（分为"普通住宅""非普通住宅"和"非住宅"三类）的争议。

财税 2006 年 21 号文第一条规定："纳税人既建造普通住宅，又建造其他商品房的，应分别核算土地增值额。"

国税发 2006 年 187 号文规定："开发项目中同时包含普通住宅和非普通住宅的，应分别计算增值额。"财税 1995 年 48 号文第十三条规定：不分别核算增值额或不能准确核算增值额的，其建造的普通标准住宅不能适用《土地增值税暂行条例》第八条（一）项的免税规定。这就为房地产开发企业将普通住宅与非普通住宅合并清算，以普通住宅的低增值甚至负增值去平衡非普通住宅的高增值从而降低项目整体土地增值税税额提供了依据，因为房地产开发企业可以不享受普通住宅的免税优惠来确保土地增值税税额整体降低。这就是"二分法"的税收收益。

针对上述情况，国税发 2009 年 91 号文第十七条规定："清算审核时，应审核房地产开发项目是否以国家有关部门审批、备案的项目为单位进行清算；对于分期开发的项目，是否以分期项目为单位清算；对不同类型房地产是否分别计算增值额、增值率，缴纳土地增值税。"

四川省税务公告 2020 年第 13 号规定："同一清算单位中同时包含多种房地产类型的，应按普通标准住宅、非普通标准住宅、非住宅三种类型分别计算增值额、增值率，并据此申报土地增值税。"此条规定堵上了"二分法"的漏洞，确立了"三分法"的法定地位。

2. 清算条件

国税发 2009 年 91 号文第九条规定："纳税人符合下列条件之一的，应进行土地增值税的清算。

"（一）房地产开发项目全部竣工、完成销售的；

"（二）整体转让未竣工决算房地产开发项目的；

"（三）直接转让土地使用权的。"

即，房地产开发项目符合上述任意一条的，都应进行土地增值税清算。

国税发 2009 年 91 号文第十条规定："对符合以下条件之一的，主管税务机关可要求纳税人进行土地增值税清算。

"（一）已竣工验收的房地产开发项目，已转让的房地产建筑面积占整个项目可售建筑面积的比例在 85% 以上，或该比例虽未超过 85%，但剩余的可售建筑面积已经出租或自用的；

"（二）取得销售（预售）许可证满三年仍未销售完毕的；

"（三）纳税人申请注销税务登记但未办理土地增值税清算手续的。"

即，房地产开发项目符合上述任意一条的，主管税务机关可以通知房地产开发企业进行土地增值税清算。也就是说，是否清算的选择权在主管税务机关手中，它可以要求企业清算，也可以不要求企业清算。

土地增值税的清算时点与企业所得税的清算时点不同。正如本章第三节"二、企业所得税清算"所讲述的，房地产开发企业开始办理开发产品交付手续或开发产品已开始实际投入使用时，视为开发产品已完工，房地产开发企业需在当年进行企业所得税清算；而土地增值税的清算分为"必须清算"和"通知清算"，其清算时点需根据不同的情况分别确定。

3. 收入确认的问题

（1）实测面积与预售面积误差的处理。

国税函 2010 年 220 号文规定："土地增值税清算时，已全额开具商品房销售发票的，按照发票所载金额确认收入；未开具发票或未全额开具发票的，以交易双方签订的销售合同所载的售房金额及其他收益确认收入。销售合同所载商品房面积与有关部门实际测量面积不一致，在清算前已发生补、退房款的，应在计算土地增值税时予以调整。"

即，已全额开具发票的，房地产开发企业应以发票金额确认收入；如有面积差，涉及退补款的，房地产开发企业应收回之前开具的发票，以实测面积重新开具发票。

（2）视同销售收入。

本书第六章第二节"三、视同销售收入的确认"已进行了详细讲述，在此，我们需要关注以下内容。

视同销售收入的金额按以下顺序确认：首先按房地产开发企业内部在本月份的可比产品销售价格确定，即公允价值优先；其次参照当地同一地区、同一月份政府主管部门公布的销售价格确定，即参考独立第三方价格；如果以上两条均不适用，那么采用成本加成的方法来确定收入，即开发成本 ×（1+ 成本利润率）。

（3）转让永久使用权。

房地产开发企业将没有取得预售许可证，无法办理房屋初始产权登记的不可售产品（如人防车位）以出售、出租等方式永久转让使用权的，税务机关多将此行为视为销售不动产计征土地增值税。（国税发 2006 年 187 号文第四条第三款）

4. 可扣除项目

（1）扣除凭证。

国税发 2006 年 187 号文规定："扣除取得土地使用权所支付的金额、房地产开发成本、费用及与转让房地产有关税金，须提供合法有效凭证；不能提供合法有效凭证的，不予扣除。"

国税发 2009 年 91 号文规定："在土地增值税清算中，计算扣除项目金额时，其实际发生的支出应当取得但未取得合法凭据的不得扣除。"

即，土地增值税的扣除项目，通常都应取得发票，否则，无法扣除。但对于不属于增值税征收范围的业务，房地产开发企业在客观上无法取得发票，则可以凭相应的合同、说明、收据等申报扣除。

（2）质保金。

国税函 2010 年 220 号文规定："房地产开发企业在工程竣工验收后，根据合同约定，扣留建筑安装施工企业一定比例的工程款，作为开发项目的质量保证金，在计算土地增值税时，建筑安装施工企业就质量保证金对房地产开发企业开具发票的，按发票所载金额予以扣除；未开具发票的，扣留的质保金不得计算扣除。"

因此，房地产开发企业在工程结算后支付的最后一笔款扣除了质保金时，应要求供应商开具全额发票。

（3）土地闲置费。

国税函2010年220号文规定："房地产开发企业逾期开发缴纳的土地闲置费不得扣除。"

（4）利息支出。

国税函2010年220号文规定："财务费用中的利息支出，凡能够按转让房地产项目计算分摊并提供金融机构证明的，允许据实扣除，但最高不能超过按商业银行同类同期贷款利率计算的金额。"

金融机构是指取得金融业务执照的商业机构，既包括银行业金融机构，也包括非银行的金融机构，如金融资产管理公司、信托投资公司、财务公司、金融租赁公司等。

土地增值税清算时，已经资本化的利息支出，应从开发成本调整至财务费用中计算扣除。

（5）土地出让金返还。

房地产开发企业向土地管理部门支付土地出让金后，有时会取得当地政府的土地价款返还，返还的路径不同，税收操作不同。

如房地产开发企业缴纳土地出让金后，政府返还的土地款也返给缴纳出让金的同一家企业的，分以下四种情况处理。

① 政府约定返还款用于购买回迁安置房。

房地产开发企业将自建产品用于安置拆迁户的，应视同销售，按相关规定确认视同销售收入。如返还款超过视同销售收入的，超过部分应扣减土地成本。

② 政府约定返还款用于建造道路等基础设施。

此种情形可视为房地产开发企业为政府修建了道路，提供了建筑服务，其收到的返还款应按建筑业缴纳相关税费；同时，房地产开发企业因购买土地而取得的土地出让金票据也应全额在土地增值税清算中扣除。

③ 政府约定返还款用于建造学校、体育馆等公共配套设施。

此种情况是房地产开发企业取得土地时就已明确的应承担的义务，因此企业取得政府返还款时，应扣减土地成本。

④ 政府没有其他约定直接返还现金。

房地产开发企业收到的政府返还款是政府对企业的一种补助，是企业的营业外收入。其实质是政府给予房地产开发企业的土地价折让，在土地增值税清算时，应直接扣减土地成本。

如政府返还的土地款返给缴纳土地出让金的房地产开发企业的关联公司，房地产开发企业未收到返还款，其缴纳的土地出让金可全额扣除。

（6）与转让房地产有关的税金确认。

在土地增值税清算时可扣除的税金应为实际缴纳的税金。

5. 清算后再转让房产

在土地增值税清算时未转让的房地产，清算后销售或有偿转让的，房地产开发企业应计缴土地增值税，扣除项目金额按清算时的单位建筑面积（可售面积）成本费用乘以销售或转让面积计算。

单位建筑面积成本费用 = 清算时的扣除项目总金额 ÷ 清算的总建筑面积（可售面积）。

6. 旧房转让

财税 1995 年 48 号文第七条规定："凡是已使用一定时间或达到一定磨损程度的房产均属旧房。使用时间和磨损程度标准可由各省、自治区、直辖市财政厅（局）和地方税务局具体规定。"多数地方的主管税务机关都规定交付使用一年后转让的商品房，按旧房转让进行土地增值税清算。

财税 1995 年 48 号文第十条规定："转让旧房的，应按房屋及建筑物的评估价格、取得土地使用权所支付的地价款和按国家统一规定交纳的有关费用以及在转让环节缴纳的税金作为扣除项目金额计征土地增值税。对取得土地使用权时未支付地价款或不能提供已支付的地价款凭据的，不允许扣除取得土地使用权所支付的金额。"

即，旧房转让的土地增值税扣除项目以房屋的评估价、土地成本、评估费等费用、转让环节缴纳的税金四部分构成，其中房屋成本要区分以下情形确认。

（1）旧房转让有评估价的，按评估价确认旧房成本。

旧房评估价 = 房屋重置成本 × 成新度

需要特别注意的是，购入旧房再转让的，购入房屋时缴纳的契税已包含在评估值中，再转让时，契税不能作为"与转让房地产有关的税金"重复计入。

（2）旧房转让没有评估价，但有购买旧房时的发票的，财税 2006 年 21 号文规定："转让旧房及建筑物，凡不能取得评估价格，但能提供购房发票的……可按发票所载金额并从购买年度起至转让年度止每年加计 5% 计算。对纳税人购房时缴纳的契税，凡能提供契税完税凭证的，准予作为"与转让房地产有关的税金"予以扣除，但不作为加计 5% 的基数。"

即，房屋成本价 = 发票所载金额 × [1 +（转让年度 - 购买年度）× 5%]。每年按 12 个自然月计算，满 1 年未满 6 个月算 1 年；满 1 年超过 6 个月未满 12 个月，算 2 年。

（3）旧房转让既无评估价又无购买发票的，由主管税务机关实行核定征收。

例 7-6：川哲时光项目由川哲公司于 2019 年 2 月通过"招拍挂"取得，土地成本为 10 亿元。项目可销售面积为 25 万平方米（高层 15 万平方米、别墅 5 万平方米、地下车位 5 万平方米），总货值为 30 亿元（高层 18 亿元、别墅 10 亿元、地下车位 2 亿元）。项目于 2021 年 7 月 1 日交付，此时项目已销售 90% 以上，其中高层、别墅已全部售罄，地下车位已售 50%；当年高层、别墅均全部交付，车位交付 80%。各类产品单方开发成本（含土地成本）分别为：高层 8 000 元 / 平方米，别墅 10 000 元 / 平方米，地下车位 3 000 元 / 平方米。项目已预缴土地增值税 97.25 万元。项目已于 2021 年 12 月办理完各类工程结算，并取得全部发票。

分析：房地产开发企业在进行土地增值税清算时，应按以下步骤计算确定各类产品的增值额及应交土地增值税税额：

（1）按"三分法"确认各类产品的销售收入；

（2）根据各类工程结算成本确定各类产品的开发成本；

（3）根据已缴纳的税金，计算各类产品可扣除的税费；

（4）根据融资情况计算确定各类产品可扣除的费用；

（5）计算各类产品的增值额及应交土地增值税税额。

本例中，高层为普通住宅、别墅为非普通住宅、地下车位为非住宅，按"三分法"，其销售收入、开发成本及土地增值税税额应分别计算。

（1）销售收入明细如表 7-3 所示。

表 7-3　销售收入明细表

产品类别	可售面积（平方米）	已售面积（平方米）	销售均价（元/平方米）	销售收入（万元）	税率	不含税收入（万元）
高层	150 000	150 000	12 000	180 000	9%	165 137.61
别墅	50 000	50 000	20 000	100 000	9%	91 743.12
地下车位	50 000	25 000	4 000	10 000	9%	9 174.31
合计	250 000	225 000	—	290 000	—	266 055.04

（2）开发成本（含土地成本）计算如表 7-4 所示。

表 7-4　开发成本计算表

产品类别	可售面积（平方米）	已售面积（平方米）	单方成本（元/平方米）	开发成本（万元）	税率	不含税成本（万元）
高层	150 000	150 000	8 000	120 000	9%	110 091.74
别墅	50 000	50 000	10 000	50 000	9%	45 871.56
地下车位	50 000	25 000	3 000	7 500	9%	6 880.73
合计	250 000	225 000	—	177 500	—	162 844.03

（3）已缴税金明细如表 7-5 所示。

表 7-5　已缴税金明细表

产品类别	可售面积（平方米）	已售面积（平方米）	不含税收入（万元）	增值税预征率	预缴增值税（万元）	预缴税金及附加（万元）
高层	150 000	150 000	165 137.61	3%	4 954.13	594.50
别墅	50 000	50 000	91 743.12	3%	2 752.29	330.28
地下车位	50 000	25 000	9 174.31	3%	275.22	33.03
合计	250 000	225 000	266 055.04	—	7 981.65	957.80

在税收实操中，房地产开发企业应在交付当月进行增值税清算，并计算应退补的税金及附加。在土地增值税清算时，税金及附加应根据房地产开发企业实际缴纳的税金及附加（城市维护建设税、教育费附加、地方教育费附加等）计算各类产品应扣除金额。本例中，以预缴增值税按 12% 的税率计算的税金及附加演示。

（4）本例中，假设川哲公司建设川哲时光项目的融资利息不满足土地增值税的扣除标准，扣除费用按 10% 计算，具体如表 7-6 所示。

表 7-6　扣除费用计算表

产品类别	可售面积（平方米）	已售面积（平方米）	开发成本（万元）	不含税成本（万元）	可扣除费用比率	可扣除费用金额（万元）
高层	150 000	150 000	120 000	110 091.74	10%	11 009.17
别墅	50 000	50 000	50 000	45 871.56	10%	4 587.16
地下车位	50 000	25 000	7 500	6 880.73	10%	688.07
合计	250 000	225 000	177 500	162 844.03	—	16 284.40

（5）土地增值税计算如表 7-7 所示。

表 7-7　土地增值税计算表

项目	合计	普通住宅（高层）	非普通住宅（别墅）	非住宅（地下车位）
一、房地产开发取得收入	266 055.04	165 137.61	91 743.12	9 174.31
二、允许扣除项目金额	212 655.05	143 713.76	59 963.31	8 977.98
其中：1. 取得土地的成本 2. 房地产开发成本	162 844.03	110 091.74	45 871.56	6 880.73
3. 房地产开发费用	16 284.40	11 009.17	4 587.16	688.07
4. 有关的税金	957.81	594.50	330.28	33.03
5. 其他（加计 20%）	32 568.81	22 018.35	9 174.31	1 376.15
三、增值额	53 399.99	21 423.85	31 779.81	196.33
四、增值率	25%	15%	53%	2%
五、应交土地增值税	9 772.66	0.00	9 713.76	58.90

    本例中，普通住宅增值率为 15%，未超过 20%，可以享受免税优惠政策；非普通住宅增值率为 53%，应交土地增值税 9 713.76 万元；非住宅增值率为 2%，应交土地增值税 58.90 万元。合计应交土地增值税 9 772.66 万元，之前已预缴土地增值税 97.25 万元，川哲公司应补缴土地增值税 9 675.41 万元。

第八章

税务风险管理
实操指引

房地产开发企业完成工程建设与交付及税收清算后，主管税务机关会对企业进行纳税评估、税收检查。因此，房地产开发企业需积极应对，建立税务风险管理体系，做好税务风险管控。

本章主要涉及的知识点有：

- 税务机关纳税评估的基础知识；
- 税务管理体系建设。

第一节　房地产纳税评估实操指引

国税发〔2005〕43号《国家税务总局关于印发〈纳税评估管理办法（试行）〉的通知》规定：纳税评估是指税务机关运用数据信息对比分析的方法，对纳税人和扣缴义务人纳税申报情况的真实性和准确性作出定性和定量的判断，并采取进一步征管措施的管理行为。纳税评估工作遵循强化管理、优化服务；分类实施、因地制宜；人机结合、简便易行的原则。

即，税务机关采用专业的方法对房地产开发企业的税收申报、税收缴纳情况进行评估，对企业税收数据的真实性、准确性进行判断，从而考虑企业是否有税收申报错漏，是否有偷税、漏税行为，确保国家税收不受损失。

纳税评估是税务机关的主动管理动作，房地产开发企业作为税收贡献大户，加上国家整体调控的需要，一直是税收检查、风险评估的重点。因此，房地产开发企业应充分了解税务机关如何进行纳税评估，并建立相应的管理体系，做到知己知彼、有的放矢。

一、纳税评估基本流程

税务机关管理的房地产开发企业非常多，税务机关不可能对所有的企业都进行纳税评估，否则税收征管成本过高，不符合成本效益原则。

税务机关在确定评估对象时，根据税收宏观分析、行业税负监控结果等数据，结合各项评估指标及其预警值和税收管理员掌握的房地产开发企业的实际情况，参照其经济类型、经营规模、信用等级等因素进行全面、综合的审核对比分析。

税务机关通过综合审核对比分析，将有问题或疑点的房地产开发企业作为重点评估分析对象；另外，属于重点税源的房地产开发企业，或在日常监控中出现税负异常变化的房地产开发企业，或长时间零税负和负税负申报的房地产开发企业，或纳税信用等级低下的房地产开发企业，在税务机关日常管理和税务检查中发现较多问题的房地产开发企业都要列为纳税评估的对象。

因此，要避免纳入税务机关的评估对象，房地产开发企业在税务管理中要密切关注各主要税种的税负率是否合适；纳税信用评级是否为 B 级或以上；对税务机关的检查是否积极配合、主动应对；如企业作为重点税源户管理，是否保持与主管税务机关的密切沟通等。

税务机关在确定了评估对象后，就会对评估对象的税收申报数据、报送的财务报表等进行评估分析。

对于评估对象的基础数据资料不充分的，税务机关一般采用"假设法"进行评估分析。即，税务机关通过房地产开发企业的纳税申报情况对其收入、财产等关键信息提出符合逻辑的假设，再利用企业提供的会计报表、管理制度及外部渠道了解的企业信息等对提出的假设进行证明，然后再对不合理假设进行调整再假设的评估方法。

即，税务机关在无法取得完整资料的情况下，会根据已掌握的数据对企业经营状况进行模拟，提出疑点假设，对企业纳税情况进行评估。

对于税务机关可以通过政府部门信息共享等手段充分获取评估对象基础数据资料的，税务机关可以通过税务综合服务管理信息系统的评估预警模块自动处理数据，按一定要求筛选出数据疑点。

当税务机关确定了评估对象的税收疑点后，会向评估对象发出《税务约谈通知书》进行约谈。约谈的主要对象是房地产开发企业的财务会计人员，如因评估需要，税务机关也可约谈企业其他人员。税务机关通过约谈核实评估假设及疑点、评估指标不能反映的一些涉税事项，以及对税法进行宣传等。

税务机关通过评估分析和约谈发现必须到企业生产经营现场实地核查的，可到企业生产经营场所了解情况、审核账目凭证，进行实地调查核实。

税务机关通过约谈、现场核实等手段完成对企业的纳税评估后，如未发现疑点问题或疑点问题可以消除的，应填制《纳税评估认定结论书》。

如果疑点问题被查清且证据确凿，但不涉嫌偷税骗税的，税务机关会填制《限期改正通知书》或《申报（缴款）错误更正通知书》，责成房地产开发企业按规定补缴税款及滞纳金，并填制《纳税评估认定结论书》。

如果房地产开发企业不按规定纠正疑点问题或补缴税款、税务机关有证据确认疑点问题属实并涉嫌偷税骗税的，税务机关会填制《纳税评估认定结论书》和《纳税评估案源移送建议书》，移送税务稽查部门对评估对象立案稽查。

二、纳税评估指标分析实操

纳税评估指标分析是税务机关根据房地产开发企业的经营特点从收入、成本费用、资产、负债和所有者权益等方面设置若干指标，并设定基准线，对偏离基准线一定幅度的指标进行重点分析，确定疑点问题的方法。

1. 基础经济指标及数据来源

房地产开发项目的基础经济指标主要以政府部门颁发的各类证照为准，这是税务机关进行纳税评估的基础，也是房地产开发企业日常税务管理的基础。

（1）"占地面积"指标来源于土地出让合同、不动产权证。

（2）"建筑面积"指标来源于建设工程规划许可证。

（3）"可售面积"指标（不同业态）来源于商品房预售许可证。

（4）"已售面积"指标（不同业态）来源于房管局商品房预售备案系统。

（5）项目交付后，"建筑面积""可售面积""已售面积"指标的实测数据来源于商品房面积实测报告书。

（6）"开工时间"指标来源于开工许可证。

（7）"竣备时间"指标来源于综合验收竣工备案表（证）。

2. 税负率

税务机关一般通过总体性指标对房地产开发企业的税收缴纳情况进行总体性评价。

$$综合税负率 = \frac{增值税 + 税金及附加 + 土地增值税 + 企业所得税}{销售收入} \times 100\%$$

$$增值税税负率 = \frac{实际缴纳的增值税}{销售收入} \times 100\%$$

$$土地增值税税负率 = \frac{实际缴纳的土地增值税}{销售收入} \times 100\%$$

$$企业所得税税负率 = \frac{实际缴纳的企业所得税}{销售收入} \times 100\%$$

房地产开发企业在 2016 年"营改增"前缴纳营业税，营业税率为 5%；"营改增"后，增值税预征率为 3%。因此，增值税税负率的范围通常在 3% 至 5%。

房地产开发企业的毛利率在 25% 左右，管理费用率为 2% 至 3%，销售费用率为 3% 至 5%，财务费用率因房地产开发企业的融资能力不同而有较大差异，一般在 5% 左右，因此房地产开发企业的企业所得税税负率为 3% 至 5%。

因项目定位及销售价格差异较大、不同拿地方式的土地计税成本差异巨大，房地产开发企业的土地增值税税负率差异也很大。如果项目定位为刚需产品，那么多为普通住宅，增值率在 20% 以内，房地产开发企业就不缴土地增值税；如果项目定位为高端产品，那么项目多为非普通住宅，企业需缴纳较高的土地增值税。一般来说，土地增值税税负率在 3% 左右。

综合上述情况，房地产开发企业的综合税负率应在 10% 左右，如果低于这个标准，企业应综合分析项目情况，确定应对措施与策略。

3. 收入指标

（1）预缴增值税测算。

$$预缴增值税测算数 = \frac{房管局商品房备案系统的已售面积 \times 系统均价}{1 + 9\%} \times 3\%$$

$$预缴增值税理论数 = \frac{预收账款期末数 - 预收账款期初数}{1 + 9\%} \times 3\%$$

如果理论数小于测算数，那么企业可能未将已备案销售收入记账，或将销售收入计入"其他应付款"，从而少缴税费。

如果企业实际缴纳税额（从企业税收申报数取数）小于理论数，那么企业可能存在未照章纳税的情况。

（2）其他应付款变动率。

一些房地产开发企业将销售收入计入"其他应付款"而不计入"预收账款"，从而少缴或不缴税款。因此，其他应付款变动率能反映其他应付款动态情况，其增幅过大可能反映部分收入未入账缴税。

$$其他应付款变动率 = \frac{其他应付款期末数 - 其他应付款期初数}{其他应付款期初数} \times 100\%$$

其他应付款变动率的基准线在 20% 左右，超过这个标准会引起税务机关的重点关注。

其他应付款中的大额个人借款，可能涉及未取预售证而提前销售的收款，有接受虚开发票的可能性及民间借贷的利息涉税问题等。

（3）用销售佣金倒推销售收入。

税务机关根据销售代理合同约定的佣金比例，用企业支付的佣金倒推销售收入，如果企业申报的收入少于此数，那么可能存在企业隐瞒收入的情况。

（4）视同销售收入测算。

房地产开发企业视同销售的情况主要是将开发产品对外投资、抵债等，其在会计报表上反映为开发成本的变动与存货变动。对比二者的变动情况可以揭示企业的财务运作情况。

如开发成本变动小于存货的变动，企业可能存在隐瞒视同销售收入的情况。

房地产开发企业以房抵债、以房抵工程款、以房支付股利等都涉及存货（开发产品）的减少，因此，税务机关可从此项的变动中推测企业是否存在隐瞒视同销售收入的可能性。

（5）毛利率测算。

$$毛利率 = \frac{销售收入 - 开发成本}{销售收入} \times 100\%$$

如前所述，不同项目的毛利率水平差异较大，一般在 20% 至 30%。如果测算毛利率小于此范围，那么可能存在企业少计收入或多计成本的情况。

4. 费用指标

$$管理费用率 = \frac{当期管理费用}{预收账款期末数 - 预收账款期初数} \times 100\%$$

$$销售费用率 = \frac{当期销售费用}{预收账款期末数 - 预收账款期初数} \times 100\%$$

$$财务费用率 = \frac{当期财务费用}{预收账款期末数 - 预收账款期初数} \times 100\%$$

通常，管理费用率在2%至3%，销售费用率在3%至5%，超过此范围的，税务机关会重点关注。财务费用率基本为零（除了少量的银行手续费外），因为房地产开发企业的融资利息在正常情况下都会资本化，计入开发间接费。如果财务费用率不为零，那么可能存在企业将贷款利息计入期间费用，从而多列费用，减少当期应纳税所得额的情况。

5. 开发成本指标

$$开发成本理论值 = \{ 土地成本 + \sum [各类产品单方建安成本 \times 建筑面积 \times$$

$$(1 + \frac{前期工程费}{建安成本} + \frac{基础设施费}{建安成本} + \frac{公共配套费}{建安成本} + \frac{开发间接费}{建安成本})]\} \times 去化率$$

土地成本金额以土地票据所载金额为准，此项也可从企业缴纳的契税反推测算。

建安成本仅指房屋主体的建造与安装成本。单方建安成本一般在1 600元/平方米至2 000元/平方米，如超过此范围，可能存在企业虚列成本的情况。

前期工程费与建安成本之比的范围在3%～9%，基础设施费与建安成本之比为5%～12%，公共配套费与建安成本之比为5%～10%，开发间接费与建安成本之比为6%～10%。

税务机关分类分析开发成本，可以发现不同成本项目中可能存在虚增成本或少列当期成本等人为调节当期企业所得税的情况。

对于开发成本可能存在的疑点，税务机关还可进一步分析项目土方、桩基、门窗、钢筋、商品砼、外墙、屋面、设计等各类细则的单方成本是否合理，从而确定纳税疑点，为下一步工作做好准备。

6. 资产指标

$$资产变动率 = \frac{资产期末数 - 资产期初数}{资产期初数} \times 100\%$$

固定资产因折旧正常减少，变动率很小；如果变动率很大，增幅超过20%，那么企业可能存在将开发产品转为固定资产的情况。因此，税务机关需关注企业是否在将开发产品转为固定资产的次月起开始缴纳房产税。

如果存货、固定资产等金额减少20%，那么企业可能存在对外销售、抵债、报废等情况，税务机关需关注企业是否确认收入，或资产损失确认是否符合《企业资产损失所得税税前扣除管理办法》的相关要求。

7. 负债指标

$$应付账款变动率 = \frac{应付账款期末数 - 应付账款期初数}{应付账款期初数} \times 100\%$$

应付账款是企业经营中发生赊购业务而产生的。如果应付账款变动率过大，那么企业可能存在无票成本入账的情况。

8. 资本指标

$$实收资本变动率 = \frac{实收资本期末数 - 实收资本期初数}{实收资本期初数} \times 100\%$$

若实收资本变动率大，则税务机关应主要关注企业是否存在盈余公积、资本公积转增资本的情况，以及企业是否代扣代缴个人股东的个人所得税。

税务风险管理部门针对纳税评估识别出的风险项，可向主管税务机关发出"风险分析报告"，提示主管税务机关对风险事项进行核实，风险分析报告示例如下。

×× 房地产开发有限公司税收风险分析报告

按照千户集团税收风险分析工作安排，我们对 ×× 房地产开发有限公司 20×× 年至 20×× 年有关涉税事项进行了税收风险分析。经分析发现该公司存在 × 个涉税风险事项，初步预估应补缴税款 ×× 万元。现就有关税收风险分析情况报告如下。

一、企业基本情况

纳税人名称：××房地产开发有限公司

纳税人识别号：9151×××××××××××

所属集团：××集团公司

行业大类：房地产业；行业小类：房地产业

法定代表人：××；法人联系电话：139×××××××

生产经营地址：××省××市××区××街道××号

经营范围：房地产开发

二、风险分析情况

通过对××房地产开发有限公司展开税收风险分析，发现×个涉税风险事项。其中，×个事项初步预估应补缴税款××万元，另外×个事项的涉税金额暂无法估算，涉及企业所得税、增值税及土地增值税三大税种。具体情况如下。

（一）企业所得税

1. 风险描述：在20××年企业所得税申报中申报财务费用××元，可能存在应计入开发成本而企业计入财务费用直接税前扣除的风险。

2. 政策依据：《企业所得税法实施条例》第三十七条。

3. 涉及税款：××万元

4. 应对建议：

（1）应对方式：建议推送至××省税务局应对。

（2）具体检查路径：分析"长期借款""财务费用"科目明细，核查相关借款合同，核实借款用途，核实是否存在应计入开发成本的借款费用在税前一次性扣除的情况。

（二）增值税

风险点：存货减少金额较大，无相关申报记录，存在少缴税金的风险（待确认）。

1. 风险描述：20××年，存货期初金额××元，期末金额××元，减少金额较大。增值税、企业所得税均无相关申报记录，可能存在少缴增值税、企业所得税、印花税的风险。

2. 政策依据：无。

3. 涉及税款：待确认。

4. 应对建议：

（1）应对方式：查看存货相关科目，核实存货品目、减少额、减少原因等。

（2）具体检查路径：同上。

（三）土地增值税

风险点：……

三、其他情况

通过对××房地产开发有限公司的税收风险分析，我们认为这些风险点可能在该集团（行业）普遍存在，具有可复制性和可推广性。

本报告是在风险识别的基础上经人工专业复评形成，具体涉税疑点应在风险应对阶段进一步核实确认。

第二节　税务管理体系实操指引

房地产开发企业的税务管理主要从两个方面入手。一是建立既符合企业实际情况又能管控税务风险的税务管理体系，将税务风险管理纳入企业日常经营活动中，做到事前预警、事中应对、事后复盘，保证税务风险可控，不给企业造成重大损失；二是建立税务预算管控体系，确保财务人员深度介入企业生产经营，提前做好税收规划，保证税收动作落地、风险可控。

房地产开发企业的税务风险主要包括两个方面：一方面，企业的涉税行为不符合税收法规的规定，应纳未纳或少纳税，从而面临补税、罚款、加收滞纳金、承担刑事责任和企业声誉损害等风险；另一方面，企业没有合理运用有关税收政策，从而多缴税款的风险。

国税发〔2009〕90号《国家税务总局关于印发〈大企业税务风险管理

指引（试行）〉的通知》中指出："税务风险管理的主要目标包括：税务规划具有合理的商业目的，并符合税法规定；经营决策和日常经营活动考虑税收因素的影响，符合税法规定；对税务事项的会计处理符合相关会计制度或准则以及相关法律法规；纳税申报和税款缴纳符合税法规定；税务登记、账簿凭证管理、税务档案管理以及税务资料的准备和报备等涉税事项符合税法规定。"

根据上述文件的要求，房地产开发企业应该建立税务管理体系，以正确识别、评估税务风险，提出应对措施，及时控制风险。

一、税务管理机构

房地产开发企业应从组织机构上建立税务管理组织，根据企业实际情况，在集团层面，可设立专门的税务部或在财务部下设专门的税务管理岗；在区域公司、城市公司层面，可在财务部设立专职或兼职的税务管理人员。

房地产开发企业应设置以下三个层级的税务管理岗位。

（1）税务总监。此岗位是企业纳税管理的最高层，负责制定企业总体纳税战略目标、领导与监督各级的税务管理人员、控制企业税务风险，以及向集团财务总监、总经理汇报税务管理工作。

（2）税务经理。此岗位是企业税务管理的中间层，负责根据企业纳税战略制定、实施纳税策略，领导、监督与培训税务管理的各级操作人员，协助税务总监做好税务管理的具体工作。

（3）税务操作人员。此岗位是税务管理的具体操作层，负责根据税收规划、纳税策略制定、实施税务管理工作计划，不断完善基础数据收集与分析工作，按企业经营流程进行税收管理的具体操作。

二、税务管理流程

税务管理流程是税务管理制度在企业经营操作层面的细化，有助于指导员工完成工作、解决问题；它详细地描述了企业各部门的权力、职责，是解决问题、完成工作、落实责任、资源分配的经营管理工具。

笔者一直强调房地产开发企业的税务管理要深入业务一线，服务经营，那么应如何达到这个目的呢？房地产开发企业应将税务管理职能嵌入经营工作流程，并固化下来，同时房地产开发企业要不断提升税务管理人员的专业水平与经营业务管理水平。

因此，房地产开发企业应建立以下税务管理制度。

1. 税收规划与税负率分析预警制度

房地产开发企业从土地获取阶段就需要进行税收规划，并以年、季、月工作计划的形式落实到企业日常经营管理中。税收规划的作用在于在项目开发经营的各个阶段，确定税务管理人员的职责与权力，保证税务管理工作落地。

税负率是税务机关纳税评估的主要指标之一，房地产开发企业应明确税负率与企业纳税之间的关系，确定企业税负率的合理水平，以及结合企业经营实际情况，正确分析评价税负率，做好与主管税务机关沟通的准备。

税负率管控的最终目的是合理降低企业的税收负担，便于企业税务职能部门提出税收规划策略与建议，指导生产经营。要达到这个目的，房地产开发企业应定期测算企业实际税负率（以三大税种为主）和平均税负率，并将其与行业平均值、纳税评估的预警值进行对比，寻找税负率偏高与偏低的原因，并制定解决策略与应对措施，出具专业的税负分析报告报经营管理层决策。

2. 税收预算管理制度

预算是企业根据战略规划对其掌控的经济资源在一定期间的铺排与分配。税收预算则是企业根据税收规划对税务资源的安排与分配。

税收预算需与业务流程密切结合。业务流程产生税收，财务数据反映税收，因此，税收预算应渗入企业生产经营的各个环节并对其进行管控，具体方法在下一节详述。

3. 税收台账管理制度

房地产开发企业应基于税收预缴的情况，设置增值税、土地增值税、企业所得税、城镇土地使用税和印花税等税收管理台账，登记各个税种的计税依据、税收申报缴纳情况、欠税情况、增值税留抵退税情况等。

由于企业所得税涉及跨期调整、弥补的情况比较多，企业还应对企业所得税的纳税申报调整事项进行专门登记，保证税收申报的准确性，特别是对收入、扣除项目的纳税控制策略，税收优惠利用控制策略及关联交易控制策略的执行情况的详细记录。

4. 关联交易管理制度

房地产开发普遍采用"项目制"，即开发一个项目成立一个开发公司。这样客观上造成房地产开发企业集团内各个公司税负不均，且房地产开发企业集团在产业上下游拥有多个关联企业，这些为房地产开发企业集团进行整体税收规划创造了有利条件。

同时，税务机关针对房地产行业的经营情况也特别关注企业的关联交易性质、类型和实质，进行反避税打击。所以，关联交易管理制度与流程是房地产开发企业防范税务风险和税务机关进行反避税打击的隔离墙，有着特别重要的意义。

第一，关联交易管理制度要明确定义企业内部关联方及关联交易的类型。《企业所得税实施条例》明确规定有以下三类关联关系的为关联方：

（1）在资金、经营、购销等方面存在直接或者间接的控制关系；

（2）直接或者间接地同为第三者控制；

（3）在利益上具有相关联的其他关系。

第二，关联交易管理制度应明确关联交易原则。《企业所得税法》规定关联交易应符合独立交易原则，否则，税务机关可以按合理方法（可比非受控价格法、再销售价格法、成本加成法、交易净利润法和利润分割法等）对交易价格进行调整。

第三，房地产开发企业应尽力与主管税务机关达成预约定价安排。即，企业根据未来经营情况提前安排关联交易，并就未来年度关联交易的定价原则和计算方法向税务机关提出申请，与税务机关按照独立交易原则协商、确认后，最终形成关联交易协议。预约定价安排的税收规定详见国家税务总局公告 2016 年第 64 号《国家税务总局关于完善预约定价安排管理有关事项的公告》。

第四，关联交易管理制度应明确关联交易资料的收集与保管流程。《企业所得税法实施条例》规定，企业应保管的关联交易资料包括：

（1）与关联业务往来有关的价格、费用的制定标准、计算方法和说明等同期资料；

（2）关联业务往来所涉及的财产、财产使用权、劳务等的再销售（转让）价格或者最终销售（转让）价格的相关资料；

（3）与关联业务调查有关的其他企业应当提供的与被调查企业可比的产品价格、定价方式以及利润水平等资料；

（4）其他与关联业务往来有关的资料。

5. 发票及合同管理制度

合同是生产经营活动的法律凭证，发票是证实经营活动、进行税务处理的凭证。这两类凭证是经营实质的有力证明，也是税务机关十分关注的凭据，因此，发票和合同管理是房地产开发企业税务管理的重点。本书"第十章 发票与合同管理实操指引"将详细讲解相关内容。

6. 税务档案管理制度

税务档案是企业税务活动中留下的各类凭证，是经营业务的证明材料。税务档案管理制度需明确以下内容：

（1）税务档案种类、归档频次、保管期限；

（2）税务档案查询、外借的流程与要求；

（3）税务档案保管地点、设施、设备等硬件要求；

（4）税务档案数字化备份的流程与要求；

（5）税务档案作废、销毁的流程与要求。

7. 税务检查稽查应对制度

房地产开发企业是税务机关检查的重点企业，因此，企业应建立税收检查稽查应对流程，指导企业各级税务管理人员应对税务检查稽查，合理保证企业利益。

税务检查稽查应对制度主要包括以下内容。

（1）税务检查稽查风险级次及汇报流程。企业应根据税务机关的检查稽查形式与要求，初评风险级次，根据风险级次确定应对层级。

（2）税务检查稽查应对方法。企业应根据过往的经验，确定不同风险级次的税务检查稽查应对标准流程，如事前的业务合规性管理与风险防范、事中的积极应对与谨慎签字、事后的合理预估结果与应对措施选择（补缴税款和罚款、建议投诉、行政复议、行政诉讼和索赔）。

（3）重视并规范税务报告的编写。税务报告应包括以下内容：首先，企业递交税务机关的报告应为企业红头文件；其次，报告开头应明确税务机关对企业的支持与帮助；最后，报告主体应包括业务背景与实质内容、企业的业务证据及税收法规条文依据、企业对检查事项的态度及企业的实际困难和需税务机关支持事项。

8.税务复盘制度

税务复盘是事后管理的重点。企业通过对税务事项的事后推演，重现事项经过，对各种可能性进行探讨，总结税务事项处理的经验，有利于提高税务组织的专业能力。

通过复盘，企业可以避免再犯同样的错误，看清问题背后的本质，发现新知识、新思路，固化流程，沉淀为组织的知识。

因此，企业应制定税务复盘制度，明确复盘要求，如在税收清算结束后、在年度企业所得税汇算清缴后、在重大税务检查后等开展复盘。

复盘应采用现场会议的形式。会议由引导人对会议进程进行总体把控，引导人通常由一定层级的领导担任；会议还需设置一个提问人，通过提问引导大家思考、讨论，一般由业务负责人担任；会议中的叙述人角色需复盘事件全过程，由参与该事件全程的一个人或几个人担任。

复盘的整个流程如下。

第一步，回顾企业想达成的目标，并将其与实际结果进行对比，找到差异项。

第二步，由叙述人讲述事件的整个过程，由参与事件的团队对事件中的表现与做法进行自我剖析。

第三步，参与复盘的所有人针对事件进行提问、讨论。此步是复盘能否成功的关键，要保证所有人的发言权。提问人要引导会议进行热烈的讨论，提问主要关注以下三个问题。

（1）当前的情况与结果怎么样？——执行得怎么样？

（2）当初的目标是怎么决定的？——事情是如何确定的？

（3）当初决策的假设条件是怎么样的？——依据是什么？

同时，引导人要注意会议进程，不要让会议陷入无休止的细节讨论中。

第四步，对充分讨论的事件进行总结，总结出规律、经验，并将事件过程、总结出的方法等记入企业案例库，便于以后调阅参考。

第三节　税收预算管理实操

税收预算管理是房地产开发企业全面预算管理的重要组成部分，它依据企业财务战略规划，对经营活动进行控制，对未来一定时期的税收规划进行整体铺排，从而实现企业税务管理目标。

税收预算管理的重点在于经营管控。企业的生产经营活动产生现金流，现金流动路径影响税收结果，财务数据反映税收结果。即，经济活动内容是由不同的业务流程构成的，而不同的业务流程设计产生不同的税收结果。因此，税收由经营决定而非财务，这是税收预算管理的基本逻辑。

房地产开发企业的税收预算管理可分为两个维度：一是业务链维度，即收入流程、采购流程和资金往来流程等涉及的税收预算管理；二是全周期维度，即项目投、融、管、退的全生命周期过程中涉及的税收预算管理。税收预算管理的核心是税收规划与风险管理。

税收预算的基本方法是对房地产开发企业经营业务的税收预算进行成本效益分析，在成本效益分析中要从经营现金流的时间价值、不同经营方案的机会成本角度进行分析，最终实现增加企业税后利润的目标。

一、业务链的税收预算管理

1. 收入流程

收入流程的税收预算管理在于不同收款方式的税收处理及不同税种对纳税义务发生时间的规定。

在收入实现方式上，房地产开发企业应重点关注视同销售收入（见第六章第二节）、"买赠"行为的收入处理（见第六章第三节）。

在会计处理与税收处理差异上，房地产开发企业应重点关注两种情况。一种是对视同销售收入的处理。会计核算上是将发生的支出直接列入相关的成本费用，而税收处理上则确认收入，如房地产开发企业将外购的微波炉、电冰箱用于市场推广，直接计入销售费用，而不通过"其他业务收入"科目核算。另一种是会计核算和税收处理上都按视同销售处理。当业务发生时，计入主营业务收入，同时商品出库，计入主营业务成本，如房地产开发企业外购房屋用于拆迁安置。

违约金的税收处理：房地产开发企业外购货物或服务，因供应方违约收取的违约金，不需缴纳增值税，但应作为"营业外收入"缴纳企业所得税。

2. 采购支付流程

房地产开发企业主要采购建筑服务及甲供材料。在采购支付流程中，企业应重点关注增值税专用发票的取得、认证比对与合规性检查。

对于房地产开发企业因故未能在税法规定期限内对收到的增值税专用发票进行认证比对的逾期扣除问题，国家税务总局公告 2017 年第 36 号《国家税务总局关于进一步优化增值税 消费税有关涉税事项办理程序的公告》规定："增值税一般纳税人发生真实交易但由于客观原因造成增值税扣税凭证（包括增值税专用发票、海关进口增值税专用缴款书和机动车销售统一发票）未能按照规定期限办理认证、确认或者稽核比对的，经主管税务机关核实、逐级上报，由省国税局认证并稽核比对后，对比对相符的增值税扣税凭证，允许纳税人继续抵扣其进项税额。"

所谓客观原因，文件规定了六种情形，分别是：

（1）因自然灾害、社会突发事件等不可抗力因素造成增值税扣税凭证逾期；

（2）增值税扣税凭证被盗、抢，或者因邮寄丢失、误递导致逾期；

（3）有关司法、行政机关在办理业务或者检查中，扣押增值税扣税凭证，纳税人不能正常履行申报义务，或者税务机关信息系统、网络故障，未能及时处理纳税人网上认证数据等导致增值税扣税凭证逾期；

（4）买卖双方因经济纠纷，未能及时传递增值税扣税凭证，或者纳税人变更纳税地点，注销旧户和重新办理税务登记的时间过长，导致增值税扣税凭证逾期；

（5）由于企业办税人员伤亡、突发危重疾病或者擅自离职，未能办理交接手续，导致增值税扣税凭证逾期；

（6）国家税务总局规定的其他情形。

对于（1）、（2）、（3）情形，企业一般都能取得相关证明，如企业因新冠肺炎疫情管控而全员封闭、被盗被抢的报案记录、司法扣押的法律文书等。

对于（4）、（5）情形，企业要注意保留相关证据。例如，买卖双方的纠纷应及时保存双方的往来函件、聊天记录等；办税人员擅自离职，企业应保存办税人员的打卡记录、公司人力资源部门的沟通记录等。

对于此类情形，房地产开发企业的税务管理体系是否完备有效，直接影响税收处理的结果。

3. 费用支付流程

房地产开发企业的费用支付流程，主要关注销售费用中佣金的处理及管理费用中各类补贴、补助的个人所得税处理。

（1）销售佣金的税收处理。

房地产开发企业自建的销售团队发生的佣金支出作为企业支付给销售团队的薪酬，代扣代缴个人所得税；企业向外聘代理公司支付的佣金，应取得第三方公司的发票，作为销售费用处理。

对于佣金的税前扣除标准，财税 2009 年 29 号文规定："企业发生与生产经营有关的手续费及佣金支出，不超过以下规定计算限额以内的部分，准予扣除；超过部分，不得扣除。……其他企业：按与具有合法经营资格中介服务机构或个人（不含交易双方及其雇员、代理人和代表人等）所签订服务协议或合同确认的收入金额的 5% 计算限额。"

国家税务总局纳税服务司于 2009 年 8 月 31 日回答关于此条的具体执行标准时，明确：①合同或协议中并无收入约定的，应按合同或协议实际执行中实现的收入确定佣金扣除限额；②按照销售数量支付定额佣金的，应换算为实际销售收入后，计算佣金扣除限额；③按照权责发生制的原则，收到客户预存款项，凡不作为当期收入的，在计算佣金扣除限定时，不作为计算基数，待收入实现时再计入计算基数。

即，对于房地产开发企业在预售阶段发生的销售佣金支出，应以预收账款（不含税）作为计算可扣除佣金的依据。由于佣金超过 5% 的部分不允许在企业所得税税前扣除，企业在签订代理合同时注意此条的限制，提前规划。

（2）交通、通信补贴的税收处理。

国税发〔1999〕58 号《国家税务总局关于个人所得税有关政策问题的通知》第二条规定："个人因公务用车和通讯制度改革而取得的公务用车、通讯补贴收入，扣除一定标准的公务费用后，按照'工资、薪金'所得项目计征个人所得税。按月发放的，并入当月'工资、薪金'所得计征个人所得税；不按月发放的，分解到所属月份并与该月份'工资、薪金'所得合并后计征个人所得税。"

文件规定具体扣除标准由各省税务局确定，因此，房地产开发企业应结合项目所在地的税收政策制定相应补贴标准，并按规定代扣代缴个人所得税。

（3）差旅费津贴、误餐补助的税收处理。

房地产开发企业支付给员工的差旅费津贴、误餐补助不属于工资、薪金性质的补贴、津贴或者不属于纳税人本人工资、薪金所得项目的收入，不征税。（国税发〔1994〕89 号《国家税务总局关于印发〈征收个人所得税若干问题的规定〉的通知》）

（4）住房补贴、医疗补助费的税收处理。

房地产开发企业以现金形式发给个人的住房补贴、医疗补助费，应全额计入领取人的当期工资、薪金收入计征个人所得税。（财税字〔1997〕144 号《财政部 国家税务总局关于住房公积金、医疗保险金、养老保险金征收个人所得税问题的通知》）

（5）防暑降温费、餐费补贴、节假日补贴、月饼粽子等津贴、补贴的税收处理。

《中华人民共和国个人所得税法实施条例》第六条规定："工资、薪金所得，是指个人因任职或者受雇取得的工资、薪金、奖金、年终加薪、劳动分红、津贴、补贴以及与任职或者受雇有关的其他所得。"

即，上述津贴、补贴，除非税收法律法规明确不计征个人所得税的以外，均应计入员工工资总额缴纳个人所得税。

4. 资金往来流程

房地产开发企业集团内部各单位之间的资金调用频次高、金额大，而且在"其他应收款"和"其他应付款"上长期挂账，内部关联往来多采用不计息的方式，此种操作有较大的税收风险，企业应特别关注。

（1）增值税。

财税 2016 年 36 号文规定："贷款，是指将资金贷与他人使用而取得利息收入的业务活动。"对于关联企业间资金往来不收取利息的行为，文件又规定"下列情形视同销售服务、无形资产或者不动产：单位或者个体工商户向其他单位或者个人无偿提供服务……"

即，企业间发生资金往来的行为，不论是否收取利息，均应按税法规定确认利息收入，缴纳增值税。

同时，财税〔2019〕20 号《财政部 税务总局关于明确养老机构免征增值税等政策的通知》规定："自 2019 年 2 月 1 日至 2020 年 12 月 31 日，对企业集团内单位（含企业集团）之间的资金无偿借贷行为，免征增值税。"财政部、税务总局公告 2021 年第 6 号《财政部 税务总局关于延长部分税收优惠政策执行期限的公告》规定此项政策执行期限延长至 2023 年 12 月 31 日。

即，企业集团内单位之间发生的资金往来行为至 2023 年 12 月 31 日前暂免征增值税。

对于企业集团内统借统还的业务，财税 2016 年 36 号文规定："统借统还业务中，企业集团或企业集团中的核心企业以及集团所属财务公司按不高于支付给金融机构的借款利率水平或者支付的债券票面利率水平，向企业集团或者集团内下属单位收取的利息免征增值税。"

同时，房地产开发企业应注意其支付利息收取的增值税发票不能从销项税额中抵扣。（财税 2016 年 36 号文）

（2）企业所得税。

《企业所得税法》第四十一条规定："企业与其关联方之间的业务往来，不符合独立交易原则而减少企业或者其关联方应纳税收入或者所得额的，税务机关有权按照合理方法调整。"

国家税务总局公告 2017 年第 6 号《国家税务总局关于发布〈特别纳税调查调整及相互协商程序管理办法〉的公告》第三十八条规定："实际税负相同的境内关联方之间的交易，只要该交易没有直接或者间接导致国家总体税收收入的减少，原则上不作特别纳税调整。"

即，企业集团内各单位间的资金往来应按实际收取利息或视同销售确认收入。对于实际税负相同的关联方之间的资金往来，可不按视同销售进行税收处理。

房地产开发企业因建设绿色住区而享受西部大开发优惠政策的，如涉及关联方往来的，因企业所得税税率不同，存在被税务机关按视同销售处理的风险。

因此，在资金往来流程中，房地产开发企业应严格区分经营资金往来和融资资金往来。经营资金调用免征增值税的政策执行到 2023 年 12 月 31 日；融资资金调用应按统借统还的要求操作，直接适用免征增值税的政策。

二、全周期的税收预算管理

1. 投资阶段

房地产开发企业在投资阶段首先要考虑设立企业的组织形式是有限责任公司还是合伙企业或是个人独资企业，是子公司还是分公司。不同的组织形式缴纳的税费不同。

其次，要根据设立目的，选择设立区域，不同的区域有不同的优惠政策。企业应尽量在税收洼地设立组织机构。

企业设立的相关内容详见第三章。

2. 融资阶段

房地产开发企业在土地获取阶段及生产经营阶段都涉及大量的融资事项，其中企业向非金融机构的融资是房地产开发企业税收预算管理的重难点，在税收实操中应特别注意。

（1）关联方借款。

在企业所得税方面，房地产开发企业要重点关注关联方借款的金额与利率水平。

企业接受其关联方的债权性投资与权益性投资的比例不能超过 2∶1，超过部分的利息支出，不得在企业所得税税前扣除。

关于债资比如何计算，国税发〔2009〕2 号《国家税务总局关于印发〈特别纳税调整实施办法（试行）〉的通知》第八十六条规定，关联债资比例的具体计算方法如下：

$$关联债资比例 = \frac{年度各月平均关联债权投资之和}{年度各月平均权益投资之和}$$

其中，

$$各月平均关联债权投资 = \frac{关联债权投资月初账面余额 + 月末账面余额}{2}$$

$$各月平均权益投资 = \frac{权益投资月初账面余额 + 月末账面余额}{2}$$

权益投资为企业资产负债表所列示的所有者权益金额。如果所有者权益小于实收资本（股本）与资本公积之和，那么权益投资为实收资本（股本）与资本公积之和；如果实收资本（股本）与资本公积之和小于实收资本（股本）金额，那么权益投资为实收资本（股本）金额。

借款利率不能超过金融企业同期同类贷款利率，超过部分将不能在企业所得税税前扣除。

在土地增值税方面，房地产开发企业支付的关联方借款利息无法提供金融机构证明的，房地产开发费用只能按 10% 计算扣除。

增值税处理如前所述，按规定计缴即可。

（2）非关联方借款。

房地产开发企业向非关联的第三方企业借款，其支付的借款利息不超过金融企业同期同类贷款利率计算的数额的部分，可以在企业所得税税前扣除。

（3）关联个人借款。

国税函 2009 年 777 号文规定："企业向股东或其他与企业有关联关系的自然人借款的利息支出，应根据《中华人民共和国企业所得税法》（以下简称税法）第四十六条及《财政部、国家税务总局关于企业关联方利息支出税前扣除标准有关税收政策问题的通知》（财税〔2008〕121 号）规定的条件，计算企业所得税扣除额。"

即，企业向股东或关联个人借款应与其签订借款合同，并且向关联个人借款的总额在一个会计年度内不应高于其向企业投入注册资本的 2 倍，同时企业应取得关联个人所在地税务局代开的发票，这样其利息支出才可以在企业所得税税前扣除。

（4）非关联个人借款。

房地产开发企业向内部职工或其他人员借款而支付的借款利息，同时符合以下条件的，其利息支出在不超过按照金融企业同期同类贷款利率计算的数额的部分，可以在企业所得税税前扣除：

① 企业与个人之间的借贷是真实、合法、有效的，并且不具备非法集资目的或者其他违反法规的行为；

② 企业与个人之间签订了借款合同。

同时，企业在向个人支付借款利息时应代扣代缴个人所得税。

（5）民间借贷利率。

法释〔2020〕17 号《最高人民法院关于修改〈最高人民法院关于在民事审判工作中适用《中华人民共和国工会法》若干问题的解释〉等二十七件民

事类司法解释的决定》第二十八条对民间借贷的利率规定为："借贷双方对逾期利率有约定的，从其约定，但是以不超过合同成立时一年期贷款市场报价利率四倍为限。"

即，民间借贷的利率上限为一年期贷款市场报价利率的 4 倍，超过部分不受法律保护，且企业支付利息应取得合法凭据。

房地产开发企业在核算利息支出时应注意区分费用化与资本化，不能将应予资本化的利息支出费用化处理，人为调节企业所得税的纳税期间。

房地产开发企业自获取土地、正式动工开始至竣工备案交付使用为止，期间发生的房屋建造期间的合理的借款利息，应作为资本性支出，在开发成本中列支。

对于在生产经营活动中发生的合理的不需要资本化的借款费用，应计入财务费用，在企业所得税税前扣除。

3. 经营管理阶段

房地产开发企业在经营管理阶段的税收预算管理重点在于生产开发、预售及税收清算等阶段的税收处理，详见第四章、第五章、第六章及第七章相关内容。

房地产开发企业基于经营需要，将资本公积、盈余公积转增资本的税收实操主要涉及个人股东的个人所得税处理。

国税发〔1997〕198 号《国家税务总局关于股份制企业转增股本和派发红股征免个人所得税的通知》（以下简称"国税发 1997 年 198 号文"）规定："股份制企业用资本公积金转增股本不属于股息、红利性质的分配，对个人取得的转增股本数额，不作为个人所得，不征收个人所得税。"

国税发〔2010〕54 号《国家税务总局关于进一步加强高收入者个人所得税征收管理的通知》规定："……对以未分配利润、盈余公积和除股票溢价发行外的其他资本公积转增注册资本和股本的，要按照'利息、股息、红利所得'项目，依据现行政策规定计征个人所得税。"

即，在企业以股票溢价发行形成的资本公积转增资本的情况下，个人股东不缴纳个人所得税；除此以外的其他资本公积转增资本的情况，个人股东均要缴纳个人所得税。

对于盈余公积转增资本，国税发 1997 年 198 号文规定："股份制企业用盈余公积金派发红股属于股息、红利性质的分配，对个人取得的红股数额，应作为个人所得征税。"即，企业以盈余公积转增资本的，个人股东要缴纳个人所得税。

4. 退出阶段

房地产开发企业退出的方式有三种，即转让股权退出、从被投资企业收回投资退出和公司清算退出。

对于转让股权退出，房地产开发企业应按股权转让所得计缴企业所得税。国税函 2010 年 79 号文规定："企业转让股权收入，应于转让协议生效且完成股权变更手续时，确认收入的实现。转让股权收入扣除为取得该股权所发生的成本后，为股权转让所得。企业在计算股权转让所得时，不得扣除被投资企业未分配利润等股东留存收益中按该项股权所可能分配的金额。"

国家税务总局公告 2010 年第 19 号《国家税务总局关于企业取得财产转让等所得企业所得税处理问题的公告》规定："企业取得财产（包括各类资产、股权、债权等）转让收入……除另有规定外，均应一次性计入确认收入的年度计算缴纳企业所得税。"

对于个人股东转让股权的个人所得税的税收处理，总局 2014 年第 67 号公告规定："个人转让股权，以股权转让收入减除股权原值和合理费用后的余额为应纳税所得额，按'财产转让所得'缴纳个人所得税。合理费用是指股权转让时按照规定支付的有关税费。"

对于个人股东转让股权后又收回股权的税收处理，国税函〔2005〕130 号《国家税务总局关于纳税人收回转让的股权征收个人所得税问题的批复》规定："股权转让合同履行完毕、股权已作变更登记，且所得已经实现的，转让人取得的股权转让收入应当依法缴纳个人所得税。转让行为结束后，当事人双方签订并执行解除原股权转让合同、退回股权的协议，是另一次股权转让行为，对前次转让行为征收的个人所得税款不予退回。"即，税务机关将此种行为视作两次股权转让，涉及两次缴税，企业应重视此类股权转让情况。

对于房地产开发企业从被投资企业收回投资的税收处理，总局 2011 年第 34 号公告规定："……其取得的资产中，相当于初始出资的部分，应确认为投资收回；相当于被投资企业累计未分配利润和累计盈余公积按减少实收资本比例计算的部分，应确认为股息所得；其余部分确认为投资资产转让所得。"即，企业将从被投资企业收回的资金，先扣除投资成本，作为投资成本的收回；再扣除未分配利润和盈余公积股权占比的金额，作为股息所得（法人企业收到分红股息，如无税率差，不缴纳企业所得税）；如果还有剩余，那么作为投资转让所得计缴企业所得税。

对于清算退出的情况，由于房地产开发企业投资的企业一般都是项目公司，因此房地产开发企业要先做项目公司清算，再计算企业的投资所得或损失。

项目公司向房地产开发企业分配实物，应按视同销售处理缴纳增值税、企业所得税；如涉及土地或房产，项目公司还应计缴土地增值税；清算过程中涉及的财产转让合同、文书等也应缴纳印花税。

房地产开发企业在项目公司清算后分得的剩余资产金额，其中相当于项目公司累计未分配利润和累计盈余公积中按股比计算的部分，应确认为股息所得；剩余资产减除股息所得后的余额，超过或低于投资成本的部分，应确认为投资转让所得或损失。（财税〔2009〕60 号《财政部 国家税务总局关于企业清算业务企业所得税处理若干问题的通知》）

第九章

房地产财税核算实操指引

房地产开发企业的会计核算是税务实操的基础，会计凭证及附件也是税务机关进行税务检查、稽查时要求企业提供的重要资料。企业的会计核算是否规范、核算资料是否充分和完整，直接关系到税收处理的结果，也关系到企业的涉税风险。

本章主要涉及的知识点有：

- 房地产主要经营业务的会计核算实操；
- 房地产特殊业务的会计核算实操。

第一节　收入核算实操指引

我国于 1993 年在全国推行《企业会计准则》《企业财务通则》及 13 个行业会计制度，财政部也在 1993 年发布了〔1993〕财会字第 02 号《房地产开发企业会计制度》，从此，房地产开发企业的会计核算进入一个规范运行的阶段。

然而，随着我国 2001 年加入世界贸易组织，逐步融入国际生产贸易体系，我国原有的会计制度与国际会计标准有较大差异，不利于我国企业参与国际竞争。财政部于 2006 年 2 月 15 日全面推出了由一项基本准则和 38 项具体准则构成的会计准则体系，取消了分行业会计制度。房地产开发企业也执行企业会计准则。

2006 年版《企业会计准则第 14 号——收入》明确了销售商品收入的确认条件：

（1）企业已将商品所有权上的主要风险和报酬转移给购货方；

（2）企业既没有保留通常与所有权相联系的继续管理权，也没有对已售出的商品实施有效控制；

（3）收入的金额能够可靠地计量；

（4）相关的经济利益很可能流入企业；

（5）相关的已发生或将发生的成本能够可靠地计量。

基于上述条件，房地产开发企业采用"预售"方式销售商品房时，房屋尚未达到可使用状态，不符合企业会计准则的收入确认原则，无法确认收入（与税法规定不同，税法规定预售时确认收入并缴纳税款）。

因此，房地产开发企业在达到以下条件时，才在会计核算上确认收入。

（1）商品房已完成建造及竣工备案手续，已达到交付条件。房地产开发企业已通知客户交房。

（2）客户已签订《商品房销售合同》且在交付时点已交齐合同约定的所有价款。

2017年7月，财政部更新了《企业会计准则第14号——收入》。新收入准则将收入确认条件调整为当企业与客户之间的合同同时满足下列条件时，企业应当在客户取得相关商品控制权时确认收入：

（1）合同各方已批准该合同并承诺将履行各自义务；

（2）该合同明确了合同各方与所转让商品或提供劳务（以下简称"转让商品"）相关的权利和义务；

（3）该合同有明确的与所转让商品相关的支付条款；

（4）该合同具有商业实质，即履行该合同将改变企业未来现金流量的风险、时间分布或金额；

（5）企业因向客户转让商品而有权取得的对价很可能收回。

新会计准则与原会计准则的最大差异在于：新会计准则是"控制权转移"模型，要求控制权转移后确认收入；原会计准则是"风险报酬转移"模型，要求风险报酬转移后才能确认收入。

对房地产开发企业来说，商品房建造完成并交付后才实现风险报酬转移，因此按原会计准则要在交付时确认收入；而在新会计准则中，房地产开发企业正常的销售业务仍以商品房交付作为控制权转移的条件确认收入。此时两个会计准则的处理方法是一样的，但对于一些特殊的销售方式的收入确认则会不同。

例如，房地产开发企业为客户定制商品房，双方约定：除非开发企业违约，客户无权撤销合同，若客户违约，开发企业可以要求客户继续履行合同并支付款项；除非客户违约，企业不能将其卖给其他客户。对于这样的合同，根据新会计准则，企业在建造过程中，可按一定时期确认收入，而不用等到交付时才确认收入。

新会计准则要求执行会计准则的非上市公司从2021年1月1日起执行，因此，房地产开发企业应于2021年开始执行新会计准则。不过，目前大部分房地产开发企业仍执行2006年版企业会计准则。

房地产开发企业在销售过程中收取的款项主要有诚意金、定金、房款和代收款项，下面分别讲解会计核算操作。

一、诚意金

房地产开发企业在正式开盘销售前，需对蓄客期积蓄的客户进行购买意向询问，采用的方法通常是向客户收取"诚意金""排号费"或"意向金"等。企业向客户收取的此类费用，仅用于确认客户购买意向的强弱，其不是售房款，因此，在"其他应付款"中核算。

例 9-1：川哲公司建造的川哲时光项目计划于 2020 年 7 月取得商品房预售许可证并开盘销售。川哲公司为摸清客户购房意向，从 2020 年 5 月 1 日起，开始开展购房排号工作，每位排号客户需交纳 2 万元的诚意金。2021 年 5 月，川哲公司共收取 50 组的诚意金，共计 100 万元。川哲公司根据银行 POS（Point of Sale）单、收款收据等原始凭证，编制会计分录如下：

借：银行存款　　　　　　　　　　　　　　　　　　1 000 000

　　贷：其他应付款——诚意金　　　　　　　　　　　　1 000 000

客户认购了商品房后，房地产开发企业应将客户交纳的诚意金转为购房定金或房款。

二、定金

定金是房地产开发企业在客户签订认购协议书后，根据协议约定向客户收取的购房定金。此时，客户已确定所选房屋，并明确了交易双方的权利与义务，但尚未签订正式销售合同，因此，定金是房地产开发企业销售房屋收取的合同性质的款项，属于企业预售商品房实现的收入，应在"预收账款"中核算。

例 9-2：川哲时光项目在 2020 年 7 月 5 日开盘后，当日认购客户 300 组，其中除前期已交诚意金客户转签 240 组外，当日新增客户 60 组。项目按每组 2 万元向新增的 60 组客户收取定金 120 万元。川哲公司凭认购协议、POS 单及收款收据等，编制会计分录如下：

借：银行存款 1 200 000

贷：预收账款——定金 1 200 000

认购协议约定，客户应于签订认购协议 7 日内备齐相关手续后到售楼部签订正式销售合同，否则，川哲公司将没收定金。7 日内，签订正式销售合同的客户有 290 组，有 10 组客户违约。

川哲公司凭销售合同、换开的收据（将"定金"收据换开为"购房款"收据/发票），编制会计分录如下：

借：预收账款——定金 5 800 000

贷：预收账款——房款 5 800 000

对于违约的 10 组客户，川哲公司根据协议约定没收其交的定金，凭认购协议、挞定审批流程等，编制会计分录如下：

借：预收账款——定金 200 000

贷：营业外收入 200 000

川哲时光项目于 2020 年 7 月 5 日正式开盘，截至开盘日该项目已收取 300 组诚意金，共计 600 万元；开盘当月"认转签" 240 组，共计 480 万元。川哲公司凭认购协议、"认转签"换开的收据等，编制会计分录如下：

借：其他应付款——诚意金 4 800 000

贷：预收账款——定金（或房款） 4 800 000

三、房款

房地产开发企业收取的房款主要包括定金、首付款、按揭款及分期款。企业收到的各类房款均计入"预收账款"。

例 9-3：川哲时光项目于 2020 年 7 月收取客户的首付款 10 000 万元，银行按揭款 10 000 万元。川哲公司凭开具的收款收据、销售合同及银行入账单据等，编制会计分录如下：

借：银行存款 200 000 000

贷：预收账款——房款 200 000 000

7 月末，川哲公司需根据当月收取的销售款，计算应预缴的增值税及附加、土地增值税等。7月，川哲时光项目取得预售收入 20 580 万元，应预缴的税费分别如下：

（1）应预缴增值税 $= \dfrac{20\,580}{1+9\%} \times 3\% = 566.42$（万元）

（2）应预缴税金及附加 $= 566.42 \times （7\% + 3\% + 2\%） = 67.97$（万元）

（3）应预缴土地增值税 $= （20\,580 - 566.42） \times 1\% = 200.14$（万元）

川哲公司凭税金计算表、税金审批流程、税收申报表及交税银行单据等，编制会计分录如下：

借：应交税费——预交增值税　　　　　　　　　　　5 664 220

　　　　　——应交土地增值税　　　　　　　　　　2 001 400

　　税金及附加　　　　　　　　　　　　　　　　　679 700

贷：银行存款　　　　　　　　　　　　　　　　　8 345 320

对于企业所得税，房地产开发企业需按预计毛利率计缴。假设川哲时光项目的预计毛利率为 15%，川哲公司已发生管理费用、销售费用等 300 万元（不含税），则川哲时光项目应预缴企业所得税的计算如下：

（1）不含税销售收入 $= \dfrac{20\,580}{1+9\%} = 18\,880.73$（万元）

（2）预计毛利润 $= 18\,880.73 \times 15\% = 2\,832.11$（万元）

（3）应纳税所得额 $= 2\,832.11 - 300 - 67.97 - 200.14 = 2\,264$（万元）

（4）预缴企业所得税 $= 2\,264 \times 25\% = 566$（万元）

川哲公司凭企业所得税申报表、税金计算表和缴税银行单据等，编制会计分录如下：

借：应交税费——应交企业所得税　　　　　　　　　5 660 000

贷：银行存款　　　　　　　　　　　　　　　　　5 660 000

四、代收款项

房地产开发企业在销售过程中，通常会代有关部门收取天然气初装费、有线电视初装费、产权登记费、权证工本费、契税等。企业收取的这些费用按企业会计准则规定不属于企业的销售收入，属于代收代付性质的款项，应在"其他应付款"中核算。

例 9-4：川哲公司就川哲时光项目与客户签订正式销售合同收取售房款时，根据当地税务机关要求，代收客户契税。2020 年 7 月，川哲公司代收契税 600 万元。川哲公司凭开具的代收收据、银行进账单据等，编制会计分录如下：

借：银行存款　　　　　　　　　　　　　　　　　　6 000 000

　　贷：其他应付款——代收款　　　　　　　　　　　　6 000 000

注：代收款的税收处理与会计处理有较大差异，税收处理详见"第六章第五节 代收款项实操指引"。

第二节　成本与费用核算实操指引

房地产开发企业成本核算的基础是确定成本对象及明确成本项目的核算范围，难点在于项目交付后，成本金额的结转及成本在不同产品间的结转，此部分内容已在第五章详细讲解。本节主要讲解土地成本、开发成本和费用的会计核算。

一、土地成市核算

房地产开发企业获取土地，支付土地款后应取得省级人民政府监制的行政事业性收据，并据此借记"开发成本——土地成本"科目，贷记"银行存款"科目。

例 9-5：川哲公司于 2019 年 12 月 10 日，通过土地竞拍获取了 1 号地块，总价为 1.5 亿元。土地合同约定土地款分三期支付：取得当日竞拍保证金 0.3 亿元转为土地款，一个月内付至合同价款的 50%，3 个月内付至 70%，6 个月内付清。川哲公司凭土地合同、银行付款单据、土地款收据，编制会计分录如下：

（1）企业参拍交纳竞买保证金。

借：其他应收款——保证金　　　　　　　　　　　　30 000 000

　　贷：银行存款　　　　　　　　　　　　　　　　　　30 000 000

（2）企业竞买成功，签订了土地合同，将竞买保证金转为土地款。

借：开发成本——土地成本　　　　　　　　　　　　30 000 000

　　贷：其他应收款——保证金　　　　　　　　　　　　30 000 000

（3）企业支付第一笔土地款，土地款付至合同价款的 50%。

借：开发成本——土地成本　　　　　　　　　　　　45 000 000

　　贷：银行存款　　　　　　　　　　　　　　　　　　45 000 000

（4）企业支付第二笔土地款，土地款付至合同价款的 70%。

借：开发成本——土地成本　　　　　　　　　　　　30 000 000

　　贷：银行存款　　　　　　　　　　　　　　　　　　30 000 000

（5）企业付清第三笔土地款，土地款付至合同价款的 100%。

借：开发成本——土地成本　　　　　　　　　　　　45 000 000

　　贷：银行存款　　　　　　　　　　　　　　　　　　45 000 000

（6）企业办理不动产权证，按规定缴纳契税（150 000 000×3%），并办妥土地证。

借：开发成本——土地成本（契税）　　　　　　　　4 500 000

　　贷：银行存款　　　　　　　　　　　　　　　　　　4 500 000

二、开发成本及费用核算

开发成本的核算应遵循一个基本原则：能直接确定成本对象的成本应直接计入相应的成本对象；不能直接确定的，应先在各成本项目归集，结转时再分配至各成本对象。

例 9-6：川哲公司将 2019 年 12 月取得的土地用于开发川哲时光项目，2020 年 1 月支付设计费 10 万元。

借：开发成本——前期工程费（设计费）　　　　　　94 339.62

　　应交税费——应交增值税（进项税额）　　　　　5 660.38

　　　贷：应付账款——设计单位　　　　　　　　　　　　　　　100 000

　　借：应付账款——设计单位　　　　　　　　　　100 000

　　　贷：银行存款　　　　　　　　　　　　　　　　　　　　　100 000

　　例9-7：2020年1月，川哲公司收到总包单位开具的增值税专用发票3 000万元。因川哲公司年底资金紧张，经双方友好协商，川哲公司实际支付1 500万元。

　　借：开发成本——建安工程费　　　　　　　　27 522 935.78

　　　应交税费——应交增值税（进项税额）　　　 2 477 064.22

　　　贷：应付账款——总包单位　　　　　　　　　　　30 000 000

　　借：应付账款——总包单位　　　　　　　　　15 000 000

　　　贷：银行存款　　　　　　　　　　　　　　　　　15 000 000

　　支付工程款通过"应付账款"科目核算，可以清晰地体现每位供应商的发票收取情况和付款情况，便于查账核对。

　　例9-8：2020年3月，川哲公司支付川哲时光项目融资利息600万元，增值税发票已收取。

　　财税2006年36号文第二十七条规定，企业"取得贷款支付的利息"而获得的增值税进项税额不能抵扣，因此，川哲公司需做进项税额转出。

　　借：开发成本——开发间接费（利息支出）　　 5 660 377.36

　　　应交税费——应交增值税（进项税额）　　　　 339 622.64

　　　贷：应付利息　　　　　　　　　　　　　　　　　 6 000 000

　　借：应付利息　　　　　　　　　　　　　　　6 000 000

　　　贷：银行存款　　　　　　　　　　　　　　　　　 6 000 000

　　借：应交税费——应交增值税（进项税额转出）　　 339 622.64

　　　贷：应交税费——应交增值税（进项税额）　　　　 339 622.64

　　借：开发成本——开发间接费（利息支出）　　　 339 622.64

　　　贷：应交税费——应交增值税（进项税额转出）　　 339 622.64

　　进行上述核算后，川哲公司实际计入开发成本的利息支出为600万元。如果企业核算要求不高，也可直接借记"开发成本——开发间接费（利息支出）"科目，贷记"应付利息"科目，不考虑增值税的核算。

例9-9：川哲时光项目于2022年3月竣工备案交付，总包合同尚未结算完毕。川哲公司根据国税发2009年31号文要求计提建安工程费2 000万元，配套设施费3 000万元。

借：开发成本——建安工程费（预提费用）　　　　　　　20 000 000

　　　　　——配套设施费（预提费用）　　　　　　　30 000 000

　　贷：应付账款——预提费用　　　　　　　　　　　　　　　50 000 000

2022年4月，川哲公司支付总包工程款800万元、配套设施费500万元，票款已清。

（1）支付总包工程款，川哲公司编制会计分录如下。

借：开发成本——建安工程费　　　　　　　　　　　7 339 449.54

　　应交税费——应交增值税（进项税额）　　　　　　660 550.46

　　贷：应付账款——总包单位　　　　　　　　　　　　　8 000 000

借：应付账款——总包单位　　　　　　　　　　　　8 000 000

　　贷：银行存款　　　　　　　　　　　　　　　　　　　8 000 000

同时，冲销预提费用。

借：应付账款——预提费用　　　　　　　　　　　　8 000 000

借：开发成本——建安工程费（预提费用）　　8 000 000（红字）

（2）支付配套设施费，川哲公司编制会计分录如下。

借：开发成本——配套设施费　　　　　　　　　　　4 587 155.96

　　应交税费——应交增值税（进项税额）　　　　　　412 844.04

　　贷：应付账款——施工单位　　　　　　　　　　　　　5 000 000

借：应付账款——总包单位　　　　　　　　　　　　5 000 000

　　贷：银行存款　　　　　　　　　　　　　　　　　　　5 000 000

同时，冲销预提费用。

借：应付账款——预提费用　　　　　　　　　　　　5 000 000

借：开发成本——配套设施费（预提费用）　　5 000 000（红字）

川哲时光项目交付后，川哲公司应在2022年12月根据交付情况完成收入和成本的结转。

企业在结转收入时，应借记"预收账款——房款"科目，贷记"主营业务收入"科目。

企业在结转成本时，首先应将开发成本在已完工产品与未完工产品间进行分配，将已完工产品结转至"开发产品"，借记"开发产品"科目，贷记"开发成本"科目；再将已交付的产品的成本结转至"主营业务成本"，借记"主营业务成本"科目，贷记"开发产品"科目。

房地产开发企业的费用核算简单明了。在支付费用时，借记"销售费用""管理费用""财务费用"科目，贷记"银行存款"科目；如企业对外支付，取得增值税专用发票，应同时借记"应交税费——应交增值税（进项税额）"科目；如企业外购资产损毁或丢失，应将进项税额转出。

例 9-10：川哲时光项目 2021 年 2 月发生销售费用 300 万元，管理费用 100 万元。

借：销售费用	3 000 000
管理费用	1 000 000
贷：银行存款	4 000 000

第三节 三大税种核算实操指引

房地产开发企业的三大税种均涉及预缴与清算，特别是增值税科目设置复杂、准确核算要求高。下面分别讲解三大税种的核算方法。

一、增值税核算

对于增值税的会计核算，财会〔2016〕22 号《财政部关于印发〈增值税会计处理规定〉的通知》进行了明确规定，具体内容如下。

1. 科目设置

房地产开发企业应在"应交税费"科目下设置以下二级科目：

应交税费——应交增值税

   ——未交增值税

   ——预交增值税

   ——待抵扣进项税额

   ——待认证进项税额

   ——待转销项税额

   ——增值税留抵税额

   ——简易计税

   ——转让金融商品应交增值税

   ——代扣代交增值税

   ——增值税检查调整（国税发〔1998〕44号《国家税务总局关于印发〈增值税日常稽查办法〉的通知》）

房地产开发企业应在"应交税费——应交增值税"科目下设置以下三级科目：

应交税费——应交增值税（进项税额）

   ——应交增值税（销项税额抵减）

   ——应交增值税（已交税金）

   ——应交增值税（转出未交增值税）

   ——应交增值税（转出多交增值税）

   ——应交增值税（销项税额）

   ——应交增值税（进项税额转出）

   ——应交增值税（减免税款）

   ——应交增值税（出口抵减内销产品应纳税额）

   ——应交增值税（出口退税）

以上三级科目中，房地产开发企业基本不涉及"出口抵减内销产品应纳税额""出口退税"，可不设置。

房地产开发企业使用"减免税款"科目的情形主要是企业初次购买增值税税控系统专用设备支付的费用及缴纳的技术维护费。这部分费用按税法可以在增值税应纳税额中全额抵减。发生这类费用时，企业应借记"应交税费——应交增值税（减免税款）"科目，贷记"管理费用"科目。

以上科目设置中，"简易计税"作为二级科目与"应交增值税"并列，可以使既有一般计税项目又有简易计税项目的房地产开发企业清晰核算增值税缴纳情况。

2. 核算内容

（1）"进项税额"核算房地产开发企业在开发经营中采购货物（如甲供材）、服务（如建筑服务）、资产（无形资产、固定资产）等支付的、准予从当期销项税额中抵扣的增值税额。

财税 2006 年 36 号文第二十五条规定："下列进项税额准予从销项税额中抵扣：

"（一）从销售方取得的增值税专用发票（含税控机动车销售统一发票，下同）上注明的增值税额。

"（二）从海关取得的海关进口增值税专用缴款书上注明的增值税额。

"（三）购进农产品……按照农产品收购发票或者销售发票上注明的农产品买价和 13% 的扣除率计算的进项税额……

"（四）从境外单位或者个人购进服务、无形资产或者不动产，自税务机关或者扣缴义务人取得的解缴税款的完税凭证上注明的增值税税额。"

房地产开发企业支付的进项税额可以抵扣的主要票据是增值税专用发票及支付境外设计事务所相关费用所取得的完税凭证上注明的增值税税额。

另外，房地产开发企业要正常抵扣支付的进项税额，还需在税务系统中进行进项发票认证。而发票认证工作，一般是由企业财务人员在月末进行。所以，企业在取得符合要求的进项发票时，应先在"应交税费——待认证进项税额"科目中核算，认证完成后转入"应交税费——应交增值税（进项税额）"科目。

项目交付后，房地产开发企业支付的进项税额，则在收到增值税专用发票时，借记"应交税费——待认证进项税额"科目，认证后将其转至"应交税费——应交增值税（进项税额）"科目。

例9-11：川哲公司于2020年12月向总包单位支付工程款2 000万元，取得增值税专用发票，并于月末在税务系统进行了勾选确定。川哲公司月末凭工程支付流程、增值税专用发票及银行支付单据等，编制会计分录如下：

借：应付账款——总包单位　　　　　　　　　　20 000 000

　　贷：银行存款　　　　　　　　　　　　　　　　20 000 000

借：开发成本——建安工程费　　　　　　　18 348 623.85

　　应交税费——待认证进项税额　　　　　　1 651 376.15

　　贷：应付账款——总包单位　　　　　　　　　20 000 000

借：应交税费——应交增值税（进项税额）　　1 651 376.15

　　贷：应交税费——待认证进项税额　　　　　1 651 376.15

（2）"销项税额抵减"核算房地产开发企业因扣减销售额而减少的销项税额。

总局2016年第18号公告规定："房地产开发企业中的一般纳税人（以下简称一般纳税人）销售自行开发的房地产项目，适用一般计税方法计税，按照取得的全部价款和价外费用，扣除当期销售房地产项目对应的土地价款后的余额计算销售额。"

房地产开发企业在支付土地成本时，按实际支付的金额，借记"开发成本——土地成本"科目，贷记"银行存款"科目。待取得省级人民政府监制的行政事业性收据且纳税义务发生时，按照允许抵扣的税额，借记"应交税费——应交增值税（销项税额抵减）"科目，贷记"主营业务成本"科目。

注：房地产开发企业交付后应结转"开发成本"至"开发产品"，并根据交付情况将"开发产品"结转至"主营业务成本"；土地款扣减销项税额冲抵"主营业务成本"，不会造成"开发成本"减少，从而避免土地增值税计算时土地成本的减少。

例9-12：本例数据见例7-2。川哲公司在2021年7月交付川哲时光项目，当月允许抵扣的土地款为95 000万元，允扣抵扣的销项税额为78 440 366.97元。川哲公司凭交付明细表、销项税额抵扣计算表，编制会计分录如下：

借：应交税费——应交增值税（销项税额抵减）　　78 440 366.97

　　贷：主营业务成本　　　　　　　　　　　　　78 440 366.97

（3）"已交税金"核算房地产开发企业当月已缴纳的应交增值税税额。此科目主要用于项目交付后应缴纳的增值税核算，企业在预售期预缴的增值税在"应交税费——预交增值税"科目中核算，不在此科目核算。

（4）"转出未交增值税"和"转出多交增值税"核算房地产开发企业在每月末转出当月应缴未缴或多缴的增值税税额。

企业应于每月末对"应交税费——应交增值税"的各三级科目借贷方余额进行合并。当月借方余额大于贷方余额时，企业当月存在多缴纳增值税的情况，应借记"应交税费——未交增值税"科目，贷记"应交税费——应交增值税（转出多交增值税）"科目；当月借方余额小于贷方余额时，企业当月存在未缴纳增值税的情况，应借记"应交税费——应交增值税（转出未交增值税）"科目，贷记"应交税费——未交增值税"科目。

（5）"销项税额"核算房地产开发企业销售商品房应向客户收取的增值税税额。

（6）"进项税额转出"核算房地产开发企业购进的材料、资产等发生非正常损失、取得贷款支付的利息及其他原因而不可从销项税额中抵扣、按规定转出的进项税额（财税 2006 年 36 号文第二十七条）。

（7）"未交增值税"核算房地产开发企业每月末从"应交税费——预交增值税"及从"应交税费——应交增值税"转出的多缴或未缴增值税，见第（4）点。

（8）"待认证进项税额"核算房地产开发企业没有认证或者认证未通过的进项税额，见第（1）点。

（9）"待抵扣进项税额"核算房地产开发企业已取得增值税扣税凭证并经税务机关认证，按照规定准予以后期间从销项税额中抵扣的进项税额。

例 9-13：川哲公司根据公司发展需要，在成都购置办公用房一套，面积为 4 000 平方米，价值 10 900 万元。公司已付清款项，并取得增值税专用发票，取得进项税额 900 万元。

国家税务总局公告 2016 年第 15 号《国家税务总局关于发布〈不动产进项税额分期抵扣暂行办法〉的公告》："增值税一般纳税人（以下称纳税

人）2016 年 5 月 1 日后取得并在会计制度上按固定资产核算的不动产，以及 2016 年 5 月 1 日后发生的不动产在建工程，其进项税额应按照本办法有关规定分 2 年从销项税额中抵扣，第一年抵扣比例为 60%，第二年抵扣比例为 40%。"

本例中，川哲公司应编制会计分录如下。

借：固定资产——办公楼　　　　　　　　　　　　　　100 000 000

　　应交税费——待认证进项税额　　　　　　　　　　　　9 000 000

　　贷：银行存款　　　　　　　　　　　　　　　　　　109 000 000

增值税专用发票认证后，会计分录编制如下。

借：应交税费——待抵扣进项税额　　　　　　　　　　　9 000 000

　　贷：应交税费——待认证进项税额　　　　　　　　　　9 000 000

购置当年，川哲公司可抵扣的进项税额为 540 万元（900×60%）。

借：应交税费——应交增值税（进项税额）　　　　　　　5 400 000

　　贷：应交税费——待抵扣进项税额　　　　　　　　　　5 400 000

（10）"待转销项税额"核算房地产开发企业销售商品房已确认收入但尚未发生增值税纳义务，需在以后期间确认的销项税额。

例 9-14：川哲公司将川哲时光项目已建成尚未销售的商铺对外出租，约定租赁期为 3 年，年租金为 300 万元，从 2021 年 10 月 1 日开始，每年租金于 3 月 31 日、9 月 30 日分两次支付。川哲公司第一笔租金于 2022 年 3 月 31 日收取。

本例中，川哲公司租赁商铺采用"后付租金"模式。2021 年 10 月，川哲公司凭租赁合同，编制会计分录如下：

借：其他应收款——租户　　　　　　　　　　　　　　　1 500 000

　　贷：其他业务收入　　　　　　　　　　　　　　　1 376 146.79

　　　　应交税费——待转销项税额　　　　　　　　　　123 853.21

2022 年 3 月，川哲公司收到租金后，凭租赁合同、开具的增值税发票和银行入账单据等，编制会计分录如下：

借：银行存款 1 500 000

　　贷：其他应收款——租户 1 500 000

借：应交税费——待转销项税额 123 853.21

　　贷：应交税费——应交增值税（销项税额） 123 853.21

"增值税留抵税额""简易计税""转让金融商品应交增值税""代扣代交增值税"和"增值税检查调整"等科目，房地产开发企业使用较少，不再讲述。

二、土地增值税核算

房地产开发企业的土地增值税核算比较简单。预售期，企业应按当地规定的普通住宅、非普通住宅和非住宅的土地增值税预征率正确计算预缴土地增值税，如例 9-3 所示。

项目交付后，房地产开发企业应根据交付情况，计算应结转的土地增值税，将已交土地增值税结转至"税金及附加"。

例 9-15：川哲时光项目于 2022 年 3 月交付。川哲公司在 2022 年 12 月对项目进行结转。结转销售收入 50 000 万元，结转成本 40 000 万元，结转土地增值税 500 万元。川哲公司应编制会计分录如下：

借：税金及附加 5 000 000

　　贷：应交税费——应交土地增值税 5 000 000

2022 年 10 月，川哲时光项目完成土地增值税清算，川哲公司应补缴土地增值税 200 万元，编制会计分录如下：

借：税金及附加 2 000 000

　　贷：应交税费——应交土地增值税 2 000 000

三、企业所得税核算

房地产开发企业在预售期按预计毛利率计算企业所得税，如应预缴企业所得税，应借记"应交税费——应交企业所得税"科目，贷记"银行存款"科目，如例 9-3 所示。

项目交付后，企业应在交付当年对企业所得税进行清算，根据实际毛利率与预计毛利率的差异，对预缴企业所得税进行调整，如实际毛利率高于预计毛利率，企业应补缴企业所得税，应借记"所得税费用"科目，贷记"应交税费——应交企业所得税"科目；如实际毛利率低于预计毛利率，企业多缴的企业所得税可留在后期抵减，也可向主管税务机关申请退税。退税到账后，应借记"应交税费——应交企业所得税"科目，贷记"所得税费用"科目，同时借记"银行存款"科目，贷记"所得税费——应交企业所得税"科目。

例 9-16：川哲时光项目于 2022 年 3 月交付，川哲公司于 2022 年 12 月对项目进行结转，结转数据见例 9-14。

$$实际毛利率 = \frac{50\,000 - 40\,000}{50\,000} \times 100\% = 20\% > 15\%$$

应补缴企业所得税 = 50 000 ×（20% - 15%）× 25% = 625（万元）

借：所得税费用		6 250 000
贷：应交税费——应交企业所得税		6 250 000

第四节　其他业务核算实操指引

房地产开发企业除了正常的销售业务外，还会涉及出租业务、视同销售业务等。下面介绍这些业务的核算内容。

一、租金收入核算

例 9-17：川哲公司于 2022 年 10 月 31 日将川哲时光项目售楼部出租给飘香餐饮管理有限公司开火锅店。合同约定租赁期为 5 年，年租金为 480 万元，押金为 50 万元，首期预付租金 120 万元，租金每半年支付一次。

川哲公司收取押金属于暂收款性质，应在"其他应付款"中核算。公司收取的 120 万元预付租金，应按租期分摊到每月确认收入。售楼部年租金为

480万元，月租金为40万元，预付租金相当于3个月的租金（2022年11月1日至2023年1月31日），因此，川哲公司在2022年确认收入80万元。

川哲公司收取押金及租金时，应编制会计分录如下：

借：银行存款　　　　　　　　　　　　　　　　　500 000

　　贷：其他应付款——押金　　　　　　　　　　　　500 000

借：银行存款　　　　　　　　　　　　　　　　1 200 000

　　贷：预收账款——租金　　　　　　　　　　　1 132 075.47

　　　　应交税费——应交增值税（销项税额）　　　67 924.53

注：增值税纳税义务为发生应税行为并收讫款项的当天。

川哲公司结转2022年收入754 716.98元（$\dfrac{800\,000}{1+6\%}$），应编制会计分录如下：

借：预收账款——租金　　　　　　　　　　　　754 716.98

　　贷：其他收入　　　　　　　　　　　　　　　754 716.98

注：国税函2010年79号文规定："……租金收入，应按交易合同或协议规定的承租人应付租金的日期确认收入的实现。其中，如果交易合同或协议中规定租赁期限跨年度，且租金提前一次性支付的……出租人可对上述已确认的收入，在租赁期内，分期均匀计入相关年度收入。"

川哲公司取得的租金收入应"从租计征"房产税。川哲公司应交房产税为135 849.06元（1 132 075.47×12%），应编制会计分录如下：

借：管理费用　　　　　　　　　　　　　　　　135 849.06

　　贷：应交税费——应交房产税　　　　　　　　135 849.06

注：对于一次性收取跨年的租金收入如何计缴房产税，《中华人民共和国房产税暂行条例》未明确规定，各地税务机关的规定也不尽相同。本例中以企业实际收取的租金收入作为房产税计税依据。

另：房地产开发企业如在项目交付后出租未售产品，应将出租产品从"开发产品"转至"投资性房产"。

二、视同销售核算

房地产开发企业视同销售的税收实操详见第六章第三节。下面举例讲述视同销售的会计核算。

例9-18：川哲公司的川哲时光项目于2021年10月国庆节期间举办抽奖活动，一等奖为价值2 000元的冰箱，二等奖为价值1 000元的扫地机器人。活动结束后，川哲时光项目实际抽出一等奖5组、二等奖10组。

川哲公司在采购抽奖物品时，应编制会计分录如下：

借：库存商品　　　　　　　　　　　　　　　　　　　17 699.12

　　应交税费——应交增值税（进项税额）　　　　　　2 300.88

　　贷：银行存款　　　　　　　　　　　　　　　　　　　　20 000

川哲公司发出奖品时，视同销售，应编制会计分录如下：

借：销售费用　　　　　　　　　　　　　　　　　　　　20 000

　　贷：其他业务收入　　　　　　　　　　　　　　　　17 699.12

　　　　应交税费——应交增值税（销项税额）　　　　2 300.88

借：其他业务支出　　　　　　　　　　　　　　　　　17 699.12

　　贷：库存商品　　　　　　　　　　　　　　　　　　17 699.12

注：房地产开发企业通常将采购的营销活动物资、商品直接计入"销售费用"，而未通过"库存商品""库存物资"核算，否则很容易造成对视同销售应交税费的遗漏，产生税收风险。

例9-19：川哲公司的川哲时光项目为促进销售，举办"买房送家电"活动。房屋销售合同约定：房屋价款为100万元，同时赠送冰箱、电视机及家具等价值10万元的礼品。

（1）采购家电、家具时，川哲公司应编制会计分录如下：

借：库存商品　　　　　　　　　　　　　　　　　　　88 495.58

　　应交税费——应交增值税（进项税额）　　　　　11 504.42

　　贷：银行存款　　　　　　　　　　　　　　　　　　100 000

（2）收取房款时，川哲公司应编制会计分录如下：

借：银行存款 1 000 000

　　贷：预收账款——房款 900 000

　　　　其他业务收入 100 000

借：其他业务支出 88 495.58

　　贷：库存商品 88 495.58

借：应交税费——应交增值税（进项税额转出） 11 504.42

　　贷：应交税费——应交增值税（进项税额） 11 504.42

借：其他业务支出 11 504.42

　　贷：应交税费——应交增值税（进项税额转出） 11 504.42

注：购房送家电、家具，在增值税上不视同销售，其进项税额不得从销项税额中抵扣。

第十章

发票与合同管理
实操指引

发票与合同管理是房地产开发企业税收实操的基础。基础工作的质量影响税收实操的效果。

本章主要涉及的知识点有:

- 房地产开发企业的发票管理要点;
- 房地产开发企业的合同管理要点。

第一节 发票管理实操指引

《中华人民共和国发票管理办法》（以下简称《发票管理办法》）和《中华人民共和国发票管理办法实施细则》是企业发票管理的基本法律法规，房地产开发企业应在此基础上，建立符合自身特色的发票管理制度，严格规范发票的取得、使用及保管。

一、发票管理基础规范

房地产开发企业应建立从领购与保管、开具、取得到销毁全生命周期的发票管理制度，并明确支付款项所获取发票的种类、真伪验证等标准，保证发票管理制度有效执行。

1. 发票领购与保管

房地产开发企业应向项目所在地主管税务机关申购发票，根据实际业务需要确定领购发票的种类、开票限额及领购数量。

房地产开发企业应指定专人保管相关票据及开具发票的专用设备；建立严格的发票登记制度，编制发票登记簿，详细登记各类发票购买、领用和结存情况。

房地产开发企业应建立以"增值税抵扣链条"为中心，以合同流、资金流、信息流、票据流是否实现"四流合一"为重点的税务自查体系，定期对发票使用、取得等情况进行专项检查，及时发现问题并整改。

对于使用完毕的发票，企业应根据业务发生时间顺序按会计档案管理规定保管发票存根联，确保发票号码连续，不得丢失。保存期满后，企业应及时报主管税务机关查验并销毁。

2. 发票开具

房地产开发企业对外开具发票主要有两个场景，即预售和交付。

　　预售时，房地产开发企业可开具增值税发票。国家税务总局公告 2016 年第 53 号《国家税务总局关于营改增试点若干征管问题的公告》第九条规定："……增加 6 '未发生销售行为的不征税项目'，用于纳税人收取款项但未发生销售……不动产的情形。'未发生销售行为的不征税项目'下设……602 '销售自行开发的房地产项目预收款'……使用'未发生销售行为的不征税项目'编码，发票税率栏应填写'不征税'，不得开具增值税专用发票。"即，房地产开发企业对在预售阶段收取的商品房预售款，可以开具增值税普通发票，内容是"未发生销售行为的不征税项目"，税率栏填写"不征税"。

　　交付时，房地产开发企业应根据补差款结算完后实际收取的购房款，开具增值税发票。总局 2016 年第 18 号公告规定，一般纳税人销售自行开发的房地产项目，自行开具增值税发票；小规模纳税人销售自行开发的房地产项目，自行开具增值税普通发票。购买方需要增值税专用发票的，小规模纳税人向主管国税机关申请代开。

　　税总货便函〔2017〕127 号《国家税务总局货物和劳务税司关于做好增值税发票使用宣传辅导有关工作的通知》（以下简称"税总货便函 2017 年 127 号文"）规定，企业在开具增值税发票时应特别注意以下几点。

　　（1）向个人客户只能开具增值税普通发票，不能开具增值税专用发票。

　　（2）企业开具增值税发票时，应在发票"货物或应税劳务、服务名称"栏次填写项目名称及房屋产权证书号码（交付时，房屋产权证尚未办理的，可不填写），"单位"栏填写面积单位，"备注"栏要填写项目详细地址——公安机关核定的项目门牌号。

　　（3）企业发生折扣销售的，应将价款和折扣额在同一张发票上分别注明，否则，企业需以价款为销售额，不得扣减折扣额。

　　（4）企业应通过增值税发票管理系统，以取得的全部价款和价外费用全额开具增值税发票。对于土地出让金抵减销售额的处理，在发票开具时不采用差额征税开票。

　　（5）企业如使用增值税电子普通发票，应通过增值税电子发票系统开具。客户如需要纸质发票，可以自行打印增值税电子普通发票的版式文件。

（6）如客户为企业的，房地产开发企业在开具增值税普通发票时，应要求客户提供纳税人识别号或统一社会信用代码，并将其填写到"购买方纳税人识别号"栏中。

3. 发票取得

房地产开发企业在项目开发经营过程中，支付款项取得的发票必须是真实合法的。真实性是指与发票相关的经济业务已实际发生，合法性是指相关发票符合税收法规要求。

房地产开发企业应根据不同的成本项目确定合法票据。

（1）土地出让金。

房地产开发企业应取得国土资源部门开具的省级人民政府监制的行政事业性收据，与此相关的契税应取得契税完税凭证。

（2）拆迁补偿费。

房地产开发企业如具有拆迁资质，自行拆迁并向被拆迁人支付拆迁补偿费的，可凭拆迁补偿协议、付款记录、被拆迁人身份信息等计入开发成本。

房地产开发企业如委托有拆迁资质的第三方公司进行拆迁，其支付拆迁费用时，应取得第三方公司开具的增值税专用发票。

（3）房地产开发企业向行政事业单位支付各类费用时，应取得行政事业性收据。

（4）房地产开发企业向个人支付销售佣金、劳务费时，应凭个人在项目所在地主管税务机关代开的增值税发票、劳务协议、个人所得税代扣代缴证明等计入期间费用。

（5）房地产开发企业向单位支付各类款项，应取得相应类别的增值税专用发票；建筑类发票应要求施工单位在"备注"栏注明项目地址详细信息——地块位置信息、备案的项目名称信息等。

（6）房地产开发企业对外支付利息，应取得收款方开具的增值税发票（不论收款方是否为金融机构）。

房地产开发企业在取得外部发票时，要特别关注以下未按规定取得发票的行为，如有此类情形，应拒绝支付款项、拒绝接收发票。

（1）对于拆迁补偿费，第三方公司不开具增值税发票，而以行政事业性收据或自制收据作为土地拆迁补偿费用的凭据。

对于自制收据，企业财务人员警惕性较高，通常不会接收。但对行政事业性收据，很多财务人员会认为是合法票据而予以接收。但行政事业性收据有着严格的使用范围，超范围使用的票据仍为不合规票据，不能税前扣除。

（2）收款方开具的发票内容与其经营性质不符，如材料供应单位、商业单位开具"工程费"等内容。

（3）房地产开发企业应特别关注发票内容为"咨询费"的业务，除了取得增值税发票外，应有咨询合同、咨询成果文件作为业务真实性的支持文件。

（4）房地产开发企业还应关注发票内容为"办公用品""会议费"的发票，此类发票开具方有的是商场超市、礼品商店，有的是高级酒店、娱乐场所等。办公用品发票要有明细清单，会议费发票要有会议通知、会议内容、会议流程等文件来支持业务真实性。

（5）房地产开发企业对外采购货物或服务，如获得汇总开具的专用发票，应要求供应商提供其防伪税控系统开具的《销售货物或者提供应税劳务清单》，并加盖发票专用章。（国税发〔2006〕156号《国家税务总局关于修订〈增值税专用发票使用规定〉的通知》第十二条）

对于以电子发票入账的条件，财会〔2020〕6号《财政部 国家档案局关于规范电子会计凭证报销入账归档的通知》规定："单位以电子会计凭证的纸质打印件作为报销入账归档依据的，必须同时保存打印该纸质件的电子会计凭证。"即，企业既要打印纸质凭证，又要保存电子凭证。在实操中，很多企业只凭打印的纸质凭证入账，没有保存对应的电子凭证，这点要特别注意。

4. 发票销毁

《发票管理办法》第二十九条规定："开具发票的单位和个人应当按照税务机关的规定存放和保管发票，不得擅自损毁。已经开具的发票存根联和发票登记簿，应当保存5年。保存期满，报经税务机关查验后销毁。"

对于保存期限到期的发票，房地产开发企业应按以下步骤办理发票销毁：

（1）企业应在税控开票系统中将旧版空白发票作废并报送电子数据，或通过网上办税服务厅办理已使用未验旧发票的验旧业务；

（2）对于无法通过网上办税服务厅验旧的发票，可制作《发票验旧》电子表格并复制到 U 盘，然后再到税务局办理发票清理事宜；

（3）企业应填写《发票清理销毁登记表》，对每张需销毁的发票进行登记，表格一式两份并加盖公章；

（4）企业凭发票购用印制簿、发票专用章、税控收款机及配套 IC 卡等，到主管税务机关办税大厅办理发票销毁手续。

二、发票管理风险应对

房地产开发企业发票管理的风险主要在于取得不合规票据，造成企业发生的正常经营性支出不能在税前扣除，从而增加企业税收负担，损害企业利益。

不合规票据主要分为以下几类。

1. 形式不合规的票据

形式不合规的票据的主要特征是票据要素填写正确，但票据形式不符合要求。此类票据主要有以下几种形式。

失效票据：以前使用有效，但自某一时点起税务机关已明确规定失效的票据，如国地税合并后，之前使用过的国税、地税发票等。

非法定票据：票据不符合税法要求，如白条、企业自制凭证等。

超范围票据：使用范围不符合税法要求的票据，如超范围使用行政事业性收据、商业企业使用建筑业发票等。

2. 开具不合规的票据

开具不合规的票据主要是指票据填开不符合发票管理办法的相关规定，或未基于真实交易而虚开的发票。

开具不规范的情况主要有全部联次未一次全部开具、票据未加盖发票专用章、跨区开具票据等。

开具不真实的发票主要是无交易虚开的发票，或虽有交易但开具数量、金额、主体、内容不一致的发票。

3. 其他不合规票据

其他不合规票据是指房地产开发企业在支付款项收取票据时，已按要求对票据进行审核并认证为真实票据，但后期因为各种原因而不合规的票据。

异常票据：票据开具人开具票据后未缴税直接走逃失踪。

失控发票：票据开具人未缴税或企业本身出现了问题，如丢失发票、发票过期等。

针对上述不合规票据情况，房地产开发企业在经营过程中应杜绝以下票据行为。

1. 买票报账

买票报账是指企业为实现降低税负、私费公报、冲销个人借款等目的，以支付一定费用的方式，让他人为自己开具发票并进行税务处理的行为。

《发票管理办法》第二十二条规定："任何单位和个人不得有下列虚开发票行为：

"（一）为他人、为自己开具与实际经营业务情况不符的发票；

"（二）让他人为自己开具与实际经营业务情况不符的发票；

"（三）介绍他人开具与实际经营业务情况不符的发票。"

企业应建立严格的财务制度，杜绝此类行为发生。

2. 虚开发票

虚开发票的一种情况是房地产开发企业的主观故意行为，如买票报账；另一种情况是企业主观上没有让他人为自己虚开发票的意愿，但其从交易对方取得的发票被税务机关认定为虚开发票，此种情况是企业善意取得的虚开发票。

国税发〔2000〕187号《国家税务总局关于纳税人善意取得虚开的增值税专用发票处理问题的通知》规定："购货方与销售方存在真实的交易，销售方使用的是其所在省（自治区、直辖市和计划单列市）的专用发票，专用发票注明的销售方名称、印章、货物数量、金额及税额等全部内容与实际相符，且没有证据表明购货方知道销售方提供的专用发票是以非法手段获得的，对购货方不以偷税或者骗取出口退税论处。"

即，善意取得发票应符合四个条件：

（1）存在真实的交易；

（2）销售方使用的是其所在省的专用发票；

（3）专用发票注明的销售方名称、印章、货物数量、金额及税额等全部内容与实际相符；

（4）专用发票是通过合法途径取得的。

房地产开发企业如被税务机关通知查证虚开发票，应立即配合税务机关对查证的发票进行清理。如企业确实取得虚开发票并已入账进行了税务处理，企业应在增值税处理上及时做进项转出，在企业所得税上查询发票入账当年的企业所得税汇算清缴情况，及时补缴相关税款与滞纳金；同时，企业如能查找到当时的票据开具方，应要求对方重新换开、补开合法票据。

3. 取得异常发票

国家税务总局公告 2019 年第 38 号《国家税务总局关于异常增值税扣税凭证管理等有关事项的公告》规定了以下六类异常凭证。

（1）纳税人丢失、被盗税控专用设备中未开具或已开具未上传的增值税专用发票。

注：如果开票人的税控设备丢失或被盗，其税控设备中的发票仍可能被他人盗开，未上传的发票也可能被他人修改发票信息对外开具，从而造成国家税款损失。

（2）非正常户纳税人未向税务机关申报或未按规定缴纳税款的增值税专用发票。

非正常户企业因其生产经营状态不正常，其开具的发票应重点审核。房地产开发企业在确定供应商时应查询其生产经营状态是否正常；在取得发票时，除了需要查验发票的真伪，还需要查询开票企业的经营状态。

（3）增值税发票管理系统稽核比对发现"比对不符""缺联""作废"的增值税专用发票。

房地产开发企业应及时将取得的发票录入稽核比对系统，以及时发现问题。

（4）经税务总局、省税务局大数据分析发现，纳税人开具的增值税专用发票存在涉嫌虚开、未按规定缴纳消费税等情形的。

房地产开发企业应及时配合税务机关确定发票使用情况，如涉及补税及滞纳金的，应及时处理。

（5）属于《国家税务总局关于走逃（失联）企业开具增值税专用发票认定处理有关问题的公告》（国家税务总局公告 2016 年第 76 号）第二条第（一）项规定情形的增值税专用发票。

即，走逃发票，此类情况的处理见上文。

（6）异常凭证进项税额累计占同期全部增值税专用发票进项税额 70%（含）以上，且异常凭证进项税额累计超过 5 万元的一般纳税人对应开具的增值税专用发票。

综上，房地产开发企业在经营过程中，应减少非正常业务的处理，通过正常的途径确定供应商，根据真实业务取得合法票据，从而降低发票风险和企业经营风险。

三、发票管理要点

1. 现行有效发票种类

房地产开发企业在取得发票过程中，首先要确保取得的是现行有效的发票，目前有效发票主要有以下几类。

（1）增值税专用发票。

（2）增值税普通发票（折叠、卷式）。

（3）增值税电子专用发票、电子普通发票。（国家税务总局公告 2020 年第 22 号《国家税务总局关于在新办纳税人中实行增值税专用发票电子化有关事项的公告》）

（4）通用定额发票。

（5）客运发票。

（6）收费公路通行费增值税电子普通发票。

（7）机动车销售统一发票、二手车销售统一发票。

（8）税务机关监制管理的门票。

2. 发票真伪辨别

辨别发票真伪常用的方法有两种：网上查验和肉眼辨别。

（1）网上查验。

房地产开发企业在取得增值税发票后，可登录国家税务总局全国增值税发票查验平台（https://inv-veri.chinatax.gov.cn），对通过增值税发票管理系统开具的增值税发票进行查验。

由于存在离线自开票和发票电子数据的数据同步周期问题，企业在线进行发票查验可能存在滞后情况。

（2）肉眼辨别。

肉眼辨别要点有三：

第一，观察发票专用异型字体、发票代码摩擦后是否产生红色擦痕；

第二，观察税徽是否变色，直视（90度）颜色为金属金色，斜视（30度）颜色为金属绿色；

第三，观察发票监制章和发票字轨号码，印色为大红色，用紫外线灯照射呈现橘红色。

3. 特定业务发票应填写"备注"栏

房地产开发企业取得的特定业务发票如未在备注栏按规定进行填写，该发票属于不合规发票，增值税不得从销项税额中抵扣，无法在企业所得税税前扣除。

房地产开发企业在经营中较常见的需要填写"备注"栏的发票有以下几类：

（1）建筑服务发票，备注栏应注明建筑服务发生地县（市、区）名称及项目名称；

（2）销售不动产发票，备注栏应注明不动产的详细地址；

（3）出租不动产发票，备注栏应注明不动产的详细地址；

（4）使用差额征税开票功能开具增值税发票的，备注栏应注明差额征额。

4. 差额征税的发票开具规定

房地产开发企业在经营中会遇到的差额征税的业务主要是劳务派遣和人力外包。对于这类业务，财税〔2016〕47号《财政部 国家税务总局关于进一步明确全面推开营改增试点有关劳务派遣服务、收费公路通行费抵扣等政策的通知》规定："一般纳税人提供劳务派遣服务，可以……以取得的全部价款和价外费用为销售额，按照一般计税方法计算缴纳增值税；也可以选择差额纳税，以取得的全部价款和价外费用，扣除代用工单位支付给劳务派遣员工的工资、福利和为其办理社会保险及住房公积金后的余额为销售额，按照简易计税方法依5%的征收率计算缴纳增值税。……选择差额纳税的纳税人，向用工单位收取用于支付给劳务派遣员工工资、福利和为其办理社会保险及住房公积金的费用，不得开具增值税专用发票，可以开具普通发票。"

即，劳务公司如选择差额纳税可以开具一张增值税专用发票（劳务公司的差额收入部分）、一张增值税普通发票（房地产开发企业支付的派遣员工工资社保等），也可以全额开具一张增值税普通发票，但不得全额开具一张增值税专用发票。

5. 发票丢失的涉税处理

国家税务总局公告2020年第1号《国家税务总局关于增值税发票综合服务平台等事项的公告》规定："纳税人同时丢失已开具增值税专用发票或机动车销售统一发票的发票联和抵扣联，可凭加盖销售方发票专用章的相应发票记账联复印件，作为增值税进项税额的抵扣凭证、退税凭证或记账凭证。"

即，房地产开发企业如不慎遗失了取得的增值税专用发票，可凭发票复印件加盖供应商发票专用章入账并抵扣相关税费。

这一政策大大简化了企业的税收处理，是国家"放管服"政策的具体表现。

6. 红字增值税发票的开具

国家税务总局公告2016年第47号《国家税务总局关于红字增值税发票开具有关问题的公告》规定如下。

增值税一般纳税人开具增值税专用发票（以下简称"专用发票"）后，发生销货退回、开票有误、应税服务中止等情形但不符合发票作废条件，或者因销货部分退回及发生销售折让，可以开具红字专用发票。

一般纳税人需要开具红字发票的，应收回原发票并注明"作废"字样或取得对方有效证明。

纳税人需要开具红字增值税普通发票的，可以在所对应的蓝字发票金额范围内开具多份红字发票。

第二节　合同管理实操指引

合同是房地产开发企业经营行为的法律记录。企业经济行为的规范通过符合法律条款的经济合同加以实现，进而维护企业的合法权益。但是，在实操中，有的企业往往重视合同的形式、经济要件，忽视合同与税收的关系，导致多缴税费或产生税收风险。

因此，房地产开发企业应建立合同管理制度，明确合同从招标采购到合同履行完毕的过程中各部门的职责与流程，保证规范、全面地管理合同。

一、合同管理部门职责

（1）招采部负责确定供应商、进行合同谈判，履行供方管理监管和检查职责。

（2）成本部负责工程类合同的范本制定、修订、发布及范本使用情况的监督、检查。

（3）财务部负责对合同进行财务审核，并建立财务部的合同台账。

（4）法务部负责合同范本管理与制定；明确合同拟定、审批、执行等环节的程序和要求；参与重大合同的起草、谈判、审查和签订，以及参与或组织合同纠纷的调解、仲裁及诉讼活动。

（5）审计部负责对合同流程各环节进行审计与监督。

（6）行政部负责审查用章合同是否经过公司审批流程，统筹公司合同台账及合同归档管理相关工作。

二、财务审核要点

合同审核管理是风险防范的重要组成部分。在合同签订之前，房地产开发企业应对合同的可信性、可操作性、有效性和抗风险性进行严格的审核，将合同可能带来的风险降到最低限度。

财务部在合同管理中的主要作用在于从税收角度对企业经营活动进行审核，提出税收操作建议，并在合同条款中明确。因此，财务部应在合同管理前端介入，与业务部门一起讨论业务实质、交易架构、条款设置，必要时还应介入谈判，实现企业目标。

财务部对合同的审核，应按合同要素逻辑展开。《中华人民共和国民法典》第四百七十条规定，合同的内容由当事人约定，一般包括以下条款：

（1）当事人的名称或者姓名和住所；

（2）标的；

（3）数量；

（4）质量；

（5）价款或者报酬；

（6）履行期限、地点和方式；

（7）违约责任；

（8）解决争议的方法。

根据上述合同要素，财务部在审核合同时应逐项谨慎审核以下内容。

（1）合同当事人的确定。房地产开发企业的合同当事人一般为项目公司，因为项目公司为开发主体。但是，对于一些特殊业务，如收并购交易、融资代建等，合同主体的确定对税收的影响很大。比如，房地产开发企业的代建业务以亏损公司承接，可以抵减代建收益应缴纳的企业所得税。

（2）标的、数量和质量是双方交易的实质内容与要求，此部分以业务部门需求为主，财务部主要审核相关数据逻辑是否清晰、是否准确。

（3）价款或报酬。

①合同的价格是否包含税金，合同价格不包含税金必须清晰说明；合同收付款除合同订明价款以外，是否包括其他款项。

②合同是否明确了对方有按税务规定提供发票的义务；是否明确了在取得对方提供的发票以后才能支付款项。

③合同是否约定了税率变化对合同价款的影响及处置措施。

④合同是否明确对方提供的票据不合规给企业造成的损失应由对方承担赔偿的责任。

（4）履行期限、地点和方式。

①合同是否明确了收付款的方式。

②分期收款的合同是否有明确的付款期和每次付款金额或者百分比。

③按进度付款的合同是否明确了确定进度的方法及各个进度下的付款比例。

（5）合同的其他条款。

①同一个合同是否包括了销售和服务两项不同内容的服务（如电梯销售与安装）。

②同一个合同是否包括了适用不同税率的服务。

③付款方式是否涉及非货币交易、视同销售等情况。

针对不同的情况，财务部应以企业税收利益最大化为目标，对交易的涉税安排提出明确要求，并在合同中固化下来，从而保障企业利益。